LACAN

o escrito, a imagem

Jacques Aubert
François Cheng
Jean-Claude Milner
François Regnault
Gérard Wajcman

Outros livros da FILŌ

FILŌ

A alma e as formas
Georg Lukács

**A aventura da
filosofia francesa no século XX**
Alain Badiou

A ideologia e a utopia
Paul Ricœur

**O primado da percepção
e suas consequências filosóficas**
Maurice Merleau-Ponty

Relatar a si mesmo
Crítica da violência ética
Judith Butler

A sabedoria trágica
Sobre o bom uso de Nietzsche
Michel Onfray

Se Parmênides
O tratado anônimo De Melisso
Xenophane Gorgia
Barbara Cassin

**A teoria dos incorporais
no estoicismo antigo**
Émile Bréhier

FILŌAGAMBEN

Bartleby, ou da contingência
Giorgio Agamben

A comunidade que vem
Giorgio Agamben

O homem sem conteúdo
Giorgio Agamben

Ideia da prosa
Giorgio Agamben

Introdução a Giorgio Agamben
Uma arqueologia da potência
Edgardo Castro

Meios sem fim
Notas sobre a política
Giorgio Agamben

Nudez
Giorgio Agamben

A potência do pensamento
Ensaios e conferências
Giorgio Agamben

FILŌBATAILLE

O erotismo
Georges Bataille

A literatura e o mal
Georges Bataille

A parte maldita
Precedida de "A noção de
dispêndio"
Georges Bataille

Teoria da religião
Georges Bataille

FILŌBENJAMIN

O anjo da história
Walter Benjamin

**Baudelaire e a
modernidade**
Walter Benjamin

Imagens de pensamento
Sobre o haxixe e
outras drogas
Walter Benjamin

**Origem do drama trágico
alemão**
Walter Benjamin

Rua de mão única
Infância berlinense: 1900
Walter Benjamin

FILŌESPINOSA

**Breve tratado de Deus,
do homem e do seu
bem-estar**
Espinosa

Ética
Espinosa

**Princípios da filosofia
cartesiana e Pensamentos
metafísicos**
Espinosa

**A unidade do corpo
e da mente**
Afetos, ações e paixões em
Espinosa
Chantal Jaquet

FILŌESTÉTICA

O belo autônomo
Textos clássicos de estética
Rodrigo Duarte (org.)

**O descredenciamento
filosófico da arte**
Arthur C. Danto

Do sublime ao trágico
Friedrich Schiller

Íon
Platão

Pensar a imagem
Emmanuel Alloa (Org.)

FILŌMARGENS

O amor impiedoso
(ou: Sobre a crença)
Slavoj Žižek

**Estilo e verdade em
Jacques Lacan**
Gilson Iannini

Introdução a Foucault
Edgardo Castro

Kafka
Por uma literatura menor
Gilles Deleuze, Félix Guattari

O sofrimento de Deus
Inversões do Apocalipse
Boris Gunjević, Slavoj Žižek

ANTIFILŌ

A Razão
Pascal Quignard

FILŌBATAILLE   **autêntica**

LACAN

o escrito, a imagem

Jacques Aubert
François Cheng
Jean-Claude Milner
François Regnault
Gérard Wajcman

1ª reimpressão

TRADUÇÃO Yolanda Vilela
PREFÁCIO À EDIÇÃO BRASILEIRA Yolanda Vilela. Gilson Iannini
PREFÁCIO Rose-Paule Vinciguerra

Copyright © Flammarion, 2000.
Copyright © 2012 Autêntica Editora

TÍTULO ORIGINAL: *Lacan, l'écrit, l'image*

Todos os direitos reservados pela Autêntica Editora. Nenhuma parte desta publicação poderá ser reproduzida, seja por meios mecânicos, eletrônicos, seja via cópia xerográfica, sem a autorização prévia da Editora.

COORDENADOR DA COLEÇÃO FILÔ
Gilson Iannini

CONSELHO EDITORIAL
Gilson Iannini (UFOP); *Barbara Cassin* (Paris); *Carla Rodrigues* (UFRJ); *Cláudio Oliveira* (UFF); *Danilo Marcondes* (PUC-Rio); *Ernani Chaves* (UFPA); *Guilherme Castelo Branco* (UFRJ); *João Carlos Salles* (UFBA); *Monique David-Ménard* (Paris); *Olímpio Pimenta* (UFOP); *Pedro Süssekind* (UFF); *Rogério Lopes* (UFMG); *Rodrigo Duarte* (UFMG); *Romero Alves Freitas* (UFOP); *Slavoj Žižek* (Liubliana); *Vladimir Safatle* (USP)

EDITORA RESPONSÁVEL
Rejane Dias

EDITORA ASSISTENTE
Cecília Martins

REVISÃO TÉCNICA
Gilson Iannini

REVISÃO
Dila Bragança de Mendonça

PROJETO GRÁFICO DE CAPA E MIOLO
Diogo Droschi

DIAGRAMAÇÃO
Conrado Esteves

**Dados Internacionais de Catalogação na Publicação (CIP)
(Câmara Brasileira do Livro, SP, Brasil)**

Lacan, o escrito, a imagem / tradução Yolanda Vilela ; prefácio Rose-Paule Vinciguerra. -- 1. ed.; 1.reimp. -- Belo Horizonte : Autêntica Editora, 2016. -- (Filô/Margens, 2)

Título original: Lacan, l'écrit, l'image.
Vários autores
ISBN 978-85-8217-051-9

1. Lacan, Jacques, 1901-1981 2. Linguística 3. Psicanálise
I. Título. II. Série.

12-11531 CDD-150.195

Índices para catálogo sistemático:
1. Lacan, Jacques : Teoria psicanalítica 150.195

Belo Horizonte
Rua Carlos Turner, 420
Silveira . 31140-520
Belo Horizonte . MG
Tel.: (55 31) 3465 4500

São Paulo
Av. Paulista, 2.073,
Conjunto Nacional, Horsa I
23º andar . Conj. 2301 .
Cerqueira César . 01311-940
São Paulo . SP
Tel.: (55 11) 3034 4468

Rio de Janeiro
Rua Debret, 23, sala 401
Centro . 20030-080
Rio de Janeiro . RJ
Tel.: (55 21) 3179 1975

www.grupoautentica.com.br

Sumário

7. **Prefácio à edição brasileira**
Yolanda Vilela, Gilson Iannini

23. **Prefácio**
Rose-Paule Vinciguerra

33. **Da linguística à linguisteria**
Jean-Claude Milner

53. **A arte, a psicanálise, o século**
Gérard Wajcman

81. **De um Joyce a outro**
Jacques Aubert

105. **Claudel: o amor do poeta**
François Regnault

161. **Lacan e o pensamento chinês**
François Cheng

Prefácio à edição brasileira

Yolanda Vilela
Gilson Iannini

Em *Delírios e sonhos na "Gradiva" de Jensen* (1907),[1] Freud afirma que os poetas e os escritores "estão bem adiante de nós, gente comum, no conhecimento da mente, já que se nutrem em fontes que ainda não tornamos acessíveis à ciência". Vinte e cinco anos mais tarde, Freud recorre novamente aos poetas quando se endereça aos seus leitores: "Se vocês quiserem saber mais sobre a feminilidade, interroguem suas próprias experiências de vida ou enderecem-se aos poetas" (1933).[2]

Tais afirmações – a primeira feita nos primórdios da elaboração freudiana, a segunda em um período mais tardio – nos fazem crer que Freud reconhecia certos limites relativos ao ideal científico que marcou sua época. É ao poeta, ao escritor, que ele remete aqueles que desejam saber mais sobre o feminino e o "conhecimento da mente" em geral. Na mesma medida, coube ao campo literário operar na falha, no próprio vazio da psicanálise concebida com base no ideal científico.

Contudo, essa posição freudiana não impediu que o texto literário passasse a ficar sujeito à interpretação psicanalítica,

---

[1] FREUD, Sigmund. Delírios e sonhos na "Gradiva" de Jensen (1907). In: *Obras Completas ESB*, v. IX. Rio de Janeiro: Imago, 1980, p. 18.

[2] FREUD, Sigmund. La féminité. In: *Nouvelles conférences d'introduction à la psychanalyse*. Paris: Gallimard (Folio), 1984, p. 181.

especialmente entre seguidores de Freud, o que favoreceu, por exemplo, uma psicologia do autor. De fato, alguns textos freudianos, apontam para equivalências entre criação literária e formações do inconsciente. Como a obra literária e o sonho têm o mesmo estatuto, a obra do artista pode ser interpretada como expressão de um desejo recalcado. A leitura de *O poeta e o fantasiar*[3] (1908), por exemplo, permite considerar a tese freudiana segundo a qual a obra seria uma aplicação da *ars poetica* do artista sobre suas fantasias.

Pode-se afirmar, portanto, que a posição freudiana em relação à obra de arte apresenta certa ambiguidade: se, por um lado a psicanálise pode ser "aplicada" ao texto literário, por outro lado, Freud admite que ela não poderia produzir um saber que abrangesse todo o "conhecimento da mente". O psicanalista reconhece na expressão artística a sua própria matéria e busca nela o que excede ao seu próprio conhecimento. Por esse duplo movimento, Freud reconhece, a seu modo, que o artista precede o psicanalista.

Em *Homenagem a Marguerite Duras pelo arrebatamento de Lol V. Stein*[4] (1965), Lacan, redimensionando a perspectiva freudiana, atribui à arte e à literatura o estatuto de intérprete: "...em sua matéria, o artista sempre o precede [o psicanalista] e, portanto, ele não tem que bancar o psicólogo quando o artista lhe desbrava o caminho. Foi precisamente isso que reconheci no arrebatamento de Lol V. Stein, onde Marguerite Duras revela saber sem mim aquilo que ensino. [...] Que a prática da letra converge com o uso do inconsciente é tudo de que darei testemunho ao lhe prestar homenagem".

A obra de James Joyce, tal como lida e introduzida por Lacan no campo psicanalítico, inscreve-se nessa perspectiva ao privilegiar os efeitos da incidência da literatura sobre a psicanálise. A leitura rigorosa feita por Lacan da obra de Joyce pôde desvelar

---

[3] Mais conhecido entre nós como "Escritores criativos e devaneio" (1908). In: *Obras completas ESB*, v. IX. Rio de Janeiro: Imago, 1976.

[4] LACAN, J. Homenagem a Marguerite Duras pelo arrebatamento de Lol V. Stein. In: *Outros escritos*. Tradução de Vera Avellar Ribeiro. Rio de Janeiro: Zahar, 2003. p. 200.

o uso particular que o escritor de *Finnegans Wake* fez da letra. A partir daí, a psicanálise pôde ampliar os seus horizontes em relação à psicose, ao estatuto do significante e da letra, ao gozo inerente ao uso da linguagem e ao sintoma. Diríamos que, prosseguindo na via aberta por Lacan, a psicanálise deixou-se interpretar pela obra do artista, seja Joyce, seja Claudel, seja Velásquez, na medida em que a obra de arte é uma interpretação do inconsciente.

Os artigos reunidos nesta coletânea se inscrevem sob essa perspectiva. Muito mais do que interrogar o texto de Joyce ou os escritos antigos chineses, por exemplo, a fim de "ajustá-los" à teoria psicanalítica, Jacques Lacan se deixa interpretar pelos textos que ele interroga. Esse é, a nosso ver, o verdadeiro ato subversivo operado por ele. Durante o seu longo percurso, Lacan contou com as preciosas colaborações de Jacques Aubert e de François Cheng, *compagnons de route* que o guiaram pelos desvios abissais do universo joyciano e do pensamento chinês. Ele teve também, em Jean-Claude Milner e em François Regnault, presentes em seus seminários desde o início da década de 1960, interlocutores ímpares nos campos da linguística e da estética. Embora não tivesse sido próximo de Jacques Lacan como os demais autores desta coletânea, Gérard Wajcman oferece, aqui, uma leitura singular da arte produzida no século XX, leitura que só foi possível a partir de sua apreensão, por que não dizer vanguardista, do conceito lacaniano de *objeto a*.

★ ★ ★

O linguista e filósofo francês Jean-Claude Milner possui uma extensa produção bibliográfica. Entre suas principais obras se destacam: *O amor da língua* (1978), *Os nomes indistintos* (1983), *A obra clara* (1995), *Le périple structural* (2002) e *Clartés de tout* (2011). Em 1960, Milner entrou para a prestigiosa *École normale supérieure* (ENS), que oferecia aos seus alunos uma sólida formação cultural e científica. Entre os anos 1968 e 1971, fez parte do movimento maoísta *Gauche prolétarienne* (Esquerda proletária), juntamente com seu amigo Jacques-Alain Miller. Entre 1998 e 2001, foi diretor do *Collège International de Philosophie*. Sempre próximo de Lacan e da psicanálise, Milner frequentou a *École Freudienne de Paris*, fundada e dissolvida por Lacan, respectivamente, em 1964 e 1980.

Jean-Claude Milner conta que ouviu falar de Jacques Lacan pela primeira vez nos seminários de Roland Barthes.[5] Ele diz ter percebido, de repente, que alguma coisa importante estava acontecendo naquele momento, à sua volta, a ponto de Barthes mencionar os seminários de Lacan em seus próprios cursos. Louis Althusser, que tinha conhecimento dos textos de Lacan, decidiu organizar, na ENS, um seminário que trataria das diferentes figuras do estruturalismo, no qual ele incluiu Jacques Lacan. Jean-Claude Milner e Jacques-Alain Miller se encarregaram, então, de uma série de intervenções sobre Lacan. Ao longo dessas intervenções e à medida que adentrava o texto lacaniano, Milner diz ter entrado em contato com elaborações totalmente novas e surpreendentes. Havia em Lacan uma precisão de escrita extrema, um pensamento que ia muito além de tudo o que ele escutara até então, algo que se diferenciava do estruturalismo levistraussiano, a antropologia estrutural, que, no entanto, estava em plena expansão; alguma coisa que se diferenciava também da linguística, da qual ele, Milner, pretendia tornar-se especialista.

Pouco tempo depois, Althusser anunciou aos seus alunos que Jacques Lacan não mais daria prosseguimento aos seus seminários no Hospital Saint-Anne, que a partir daquele momento os seus seminários continuariam na ENS. Era o ano 1964. Jean-Claude Milner declara: "nós éramos althusserianos, nós acreditávamos estar em posição de sujeito suposto saber e esperávamos que Lacan correspondesse às nossas exigências de rigor e precisão".[6]

Porém, segundo conta, escutar Jacques Lacan teve como efeito a sensação de ser tomado por um movimento constante e violento.

---

[5] As declarações de Jean-Claude Milner sobre as suas relações com Lacan aqui resumidas foram extraídas da entrevista concedida por ele à jornalista Laure Adler em 29/09/2011, no contexto do programa "Hors-champs", da rádio France Culture e dedicado a Jacques Lacan (Cf. http://www.franceculture.fr/personne-jean-claude-milner#.T_iB03P8Hes.email). (N.T.)

[6] (Cf. http://www.franceculture.fr/personne-jean-claude-milner#.T_iB-03P8Hes.email).

Milner afirma ter se sentido em um constante deslocamento, pois o pensamento que Lacan expunha era, para ele, "radicalmente outro". Ele ressalta a sua surpresa com o "efeito de iluminação" que os seminários de Lacan tiverem sobre ele: a transmissão de Lacan está, a seu ver, do lado da claridade, e não da obscuridade.

Jean-Claude Milner lembra que Lacan operou um corte, uma espécie de reconstrução da própria língua. Como se sabe, Lacan atribuía grande importância a tudo o que dizia respeito às línguas em geral e, particularmente, à língua francesa. Para ele, a poesia e a prosa francesa tinham uma importância capital. Isso significa que tudo o que ele disse ou escreveu não pode ser considerado como um detalhe. Lacan concebia que a língua tem o seu próprio movimento, ou seja, a língua é geradora de pensamento. Segundo Milner, Lacan se colocara a questão de saber se o movimento próprio da língua francesa era compatível ou análogo ao movimento que ele próprio, Lacan, estava fazendo. Poderia a língua francesa acompanhar o seu próprio movimento? Milner afirma que Lacan concluiu bastante cedo que, por mais admirável e respeitável que fosse, a língua francesa não levava, em sua curva natural, aos objetos dos quais ele queria falar.

Milner precisa a evolução que ele identifica na relação de Lacan com a língua. Primeiramente, Lacan começou a "envergar" a língua apoiando-se sobre alguma coisa que vinha da língua alemã, a dialética. Assim, seus primeiros textos foram escritos em "língua dialética", muito mais do que em "língua freudiana". Em seguida, Lacan envergou a língua servindo-se das armas do barroco pré-clássico, como as palavras raras e as rupturas sintáticas. Mais ao final de seu percurso, ele redescobriu a escrita de Joyce e, com a ajuda de François Cheng, redescobriu a caligrafia chinesa e a maneira pela qual a língua chinesa recompõe palavras e poemas. Nesse momento de seu ensino, muito mais do que envergar a língua francesa, parece que ele queria fazê-la andar mais depressa do que ela andava normalmente. Em outras palavras, dizer dez coisas com uma só palavra, assim como um caligrama chinês diz dez coisas com um só ideograma.

Milner afirma ter tido a ocasião de participar das "apresentações de doentes" praticadas por Lacan. Diante das profundezas da miséria humana, Lacan se endereçava aos sujeitos tratando-os como sujeitos, e não como pacientes, como são geralmente chamados. "O que vi nessas apresentações de doentes, diz, não era da ordem da piedade nem da simpatia, no sentido de experimentarmos as mesmas paixões que o outro; o que vi foi o que Descartes chamava 'generosidade'. Praticar a psicanálise, mas sem piedade ou crueldade, praticá-la sem que ela seja da ordem da compaixão, visto que isso implicaria a possibilidade do ódio. Que a psicanálise esteja do lado da generosidade, a única a poder barrar a compaixão e o seu avesso, a crueldade sem limites. Para mim, isso é uma espécie de baixo contínuo que acompanha a sinfonia lacaniana".

Milner lembra que Lacan colocou no centro de suas interrogações a questão do caráter sagrado da dor humana. Para ele, a grandeza da psicanálise está no fato de ela nunca ter feito da dor humana um instrumento de poder, questão que está, aliás, no horizonte de toda a obra de Lacan.

Em seu artigo para esta coletânea, Milner isola o momento em que Lacan dá adeus à Linguística, mais precisamente o *Seminário 20, Mais, ainda*, deixando a Jakobson o seu campo, para cunhar o neologismo Linguisteria. Tal mudança se impõe a partir do momento em que se considera o gozo próprio ao significante, para além da perspectiva que considerava o significante como a morte da coisa e, portanto, como interdição do gozo. De certa maneira, trata-se de mostrar a insuficiência da linguística estrutural no que concerne à apreensão da linguagem tal como ela funciona numa análise. Não obstante, o abandono da linguística estrutural como principal referência em matéria de linguagem não implica a adesão, por exemplo, de alguma filosofia da linguagem. Milner analisa por que razões Wittgenstein não pode fornecer à psicanálise diretrizes seguras acerca do funcionamento da linguagem. Isso porque nem o primeiro nem o segundo Wittgenstein seriam capazes de pensar o modo pelo qual a linguagem incide na psicanálise: através do "semi-dizer". O semi-dizer seria o corolário do axioma "isso fala", isto é, a consequência maior do fato de, admitido o inconsciente, o silêncio é impossível. É por isso que Lacan promove, no fim das contas, uma espécie de retorno à literatura e à poesia, encontrando, por essa via, inclusive o ideograma. O artigo de Milner pode, portanto, ser visto como uma espécie de introdução que desenha o espaço no qual todos os demais artigos se justificam do ponto de vista epistemológico.

★ ★ ★

Em se tratando de Gérard Wajcman, sua intimidade com Lacan se dá em seu envolvimento com o texto lacaniano. Escritor, psicanalista e professor do Département de Psychanalyse da Université de Paris 8, onde dirige o *Centre d'Étude d'Histoire et de Théorie du Regard* (Centro de Estudo de História e de Teoria do Olhar), Wajcman se dedica a temas atinentes ao "olhar", ao "visível e invisível", ao "representável e irrepresentável" e suas incidências na modernidade, o que podemos constatar em suas principais obras: *Fenêtre, chroniques du regard et de l'intime* (2004), *L'objet du siècle* (1998) e *L'œil absolu* (2010). Interessado em questões estéticas, Wajcman retoma, neste artigo, elaborações desenvolvidas no livro *L'objet du siècle,* que trazem uma leitura ímpar do conceito lacaniano de *objeto a*, fazendo desse conceito o fio condutor de sua reflexão sobre a contemporaneidade.

Wajcman elege o objeto *a* de Lacan como "Objeto do século" e, a fim de expor as suas teses, convoca obras de arte paradigmáticas do século XX, como o *Quadrado negro sobre fundo branco* (1915), de Malevitch, e o filme *Shoah* (1985), de Claude Lanzmann. Quanto ao projeto de Malevitch, trata-se, explica Wajcman, de fazer quadro da ausência de objeto. Isso equivale a produzir um objeto que viria, em suma, presentificar a ausência de objeto. O *Quadrado negro sobre fundo branco* não é um quadro sem nada, mas um quadro "com" o nada. Não é um quadro de onde estaria ausente qualquer objeto que seja, mas um quadro onde a própria ausência é que é pintada.

Wajcman ratifica a tese de J. Lacan explicitada em "Homenagem a Marguerite Duras pelo arrebatamento de Lol V. Stein",[7]

---

[7] LACAN, J. Homenagem a Marguerite Duras pelo arrebatamento de Lol V. Stein. In: *Outros escritos*. Tradução de Vera Avellar Ribeiro. Rio de Janeiro: Zahar, 2003, p. 198-205.

à qual fizemos referência: em sua matéria, o artista sempre precede o psicanalista.[8] Ele a ratifica quando se deixa interpretar pelo filme de Lanzmann, colocando em primeiro plano a dimensão propriamente vanguardista de *Shoah*. Para Gérard Wajcman, o imperativo que orientou Lanzmann em *Shoah* foi este: olhar de frente, olhar de frente isso que nenhum vivente viu, e que é irrepresentável. Para ele, o filme de Lanzmann vai ao encontro do que Lacan afirmou sobre a arte: "isso cujo acesso nos é dado pelo artista, é o lugar do que não poderia se ver".[9] Caberia somente à arte dar acesso ao que não poderia se ver.

Wajcman salienta que, ao forjar o conceito de objeto *a*, Lacan responde de certa forma aos impasses inerentes à filosofia do pós-guerra e que diziam respeito a como fazer entrar o impensável no pensamento, o irrepresentável na representação e a ausência na presença. O objeto *a* é a resposta. Sintetizando o que norteou a sua reflexão, Wajcman pôde enfatizar que o objeto *a* é o objeto da arte do Século XX e o lacanismo, que poderia se chamar a Psicanálise do século XX, caminha ao lado da arte do século XX. Belo exemplo de como a arte pode ser aplicada à psicanálise. E não o contrário.

★ ★ ★

Em dezembro de 1921, aos 20 anos de idade, Lacan encontrou-se com James Joyce, em Paris, por ocasião da primeira leitura de fragmentos de *Ulisses*. O encontro se deu na livraria "La Maison des amis des livres", de Adrienne Monnier, que, durante e após as duas grandes guerras, apoiou e editou escritores, muitos deles desconhecidos até então.

Em 1975, mais precisamente no *Bloomsday* desse ano, J. Lacan pronunciava na Sorbonne, a convite de Jacques Aubert, a conferência de abertura do V Simpósio Internacional James

---

[8] LACAN, J. Homenagem a Marguerite Duras pelo arrebatamento de Lol V. Stein. In: *Outros escritos*. Tradução de Vera Avellar Ribeiro. Rio de Janeiro: Jorge Zahar Editor, 2003, p. 200.

[9] LACAN, J. Maurice Merleau-Ponty. In: *Les Temps modernes* n. 184-185, 1961, p. 254.

Joyce, cujo título era: "Joyce, o Sintoma".[10] Jacques-Alain Miller evoca as suas recordações desse dia: "[...] lembrei-me de que naquela manhã, fomos Judith e eu, buscar o doutor Lacan na Rua de Lille para levá-lo à Sorbonne. Ele não estava de muito bom humor, como ele mesmo diz em sua primeira frase: 'Hoje não estou em minha melhor forma'. Havia algo um pouco pesado. No grande e não muito belo anfiteatro da Sorbonne, repleto de especialistas em Joyce, reinava uma atmosfera de incompreensão. Nada os fazia reagir. Fazia um frio de novembro. Era 16 de junho, mas parecia novembro. Era algo muito frio, e vazio. O "não entender" se fazia evidente [...]".[11]

Em 20 de janeiro de 1976, foi a vez de Jacques Aubert intervir no seminário que Lacan consagrou a James Joyce.[12] Ao apresentá-lo, Lacan expõe o seu embaraço diante da obra de Joyce, embora não desconhecesse a língua inglesa: "Joyce escreve o inglês com refinamentos particulares que fazem com que a língua, no caso, a inglesa, seja por ele desarticulada. Não devemos achar que isso começa em *Finnegans Wake*. Muito antes, especialmente em *Ulisses*, ele tem uma forma de picar as frases que já vai nesse sentido. É verdadeiramente um processo exercido no sentido de dar à língua em que ele escreve um outro uso, em todo caso um uso bem diferente do comum". [...] "Daí resulta que esta manhã passarei a palavra a alguém que tem uma prática bem maior que a minha, não somente com a língua inglesa mas especialmente com Joyce. Trata-se de Jacques Aubert. [...] Venha, caro Jacques. Fique aqui. Vamos começar".[13]

---

[10] A conferência de J. Lacan pronunciada nesse dia "Joyce, o Sintoma", encontra-se em: LACAN, Jacques. *Outros escritos*. Tradução de Vera Avellar Ribeiro. Rio de Janeiro: Zahar, 2003. p. 560-566. (N.T.)

[11] MILLER, Jacques-Alain. Lacan com Joyce. Tradução de Yolanda Vilela. In: *Correio* n. 65. Revista da Escola Brasileira de Psicanálise. São Paulo: EBP, 2010, p. 34

[12] A apresentação de Jacques Aubert no seminário de J. Lacan data de 20 de janeiro de 1976 e se encontra publicada em: LACAN, Jacques. *O seminário, livro 23: O sinthoma*. Tradução de Sérgio Laia. Rio de Janeiro: Zahar, 2007. p. 166-185. (N.T.)

[13] LACAN, Jacques. *O seminário, livro 23: O sinthoma*. Tradução de Sérgio Laia. Rio de Janeiro: Jorge Zahar Editor, 2007. p. 72-73.

Evocando a relação entre Jacques Lacan e Jacques Aubert, Jacques-Alain Miller precisa que Lacan tinha em torno de 300 livros sobre a obra de Joyce e que Jacques Aubert lhe trazia outros tantos regularmente. Segundo Miller, "foi Jacques Aubert quem guiou Lacan, um pouco no papel de Virgílio, para conduzi-lo ao inferno joyceano. Jacques Aubert é um homem encantador, terno; mas, para mim, dada a constância com que levava semanalmente mais e mais livros, adquiria, em sua relação com Lacan, um ar mefistofélico. Ele serviu de desculpa para Lacan poder falar de Joyce [...]. Há sempre algo de perigoso nisso. É como dar uma desculpa: A culpa não foi minha, mas de Jacques Aubert".[14]

Foi Jacques Aubert quem chamou a atenção de Lacan sobre o último livro de Joyce, *Finnegans Wake*, publicado em 1939. Segundo Lacan, *Finnegans Wake* é um livro a ser lido sem que se procure compreendê-lo, uma vez que se sente presente ali o gozo daquele que o escreveu. O interesse desse escrito não está na narrativa, isto é, na história que se conta, uma vez que ela é incompreensível. Como diz Jacques-Alain Miller: "ninguém lê *Finnegans Wake* para saber o que vai se passar na página seguinte".[15] O interesse da escrita de Joyce se encontra na própria escrita, no estilo do autor. O procedimento joyciano, que tanto interessou Lacan, enlaça significante com significante, obtendo-se, assim, uma multiplicidade de sentido a partir de um mesmo som. Miller afirma sobre o método joyciano: "com base em uma palavra, obter outras que tenham com a primeira um parentesco fônico e possíveis efeitos de sentido e voltar atrás para modificar a primeira condensando as palavras. O resultado é um significante de neologismo puro. Joyce escreve por *après-coup* [...]. No momento, então, que o leitor deveria sentar-se com o texto e ficar tranquilo para sonhar um pouco, entra Joyce no mais

---

[14] MILLER, Jacques-Alain. Lacan com Joyce. Tradução de Yolanda Vilela. In: *Correio* n. 65. Revista da Escola Brasileira de Psicanálise. São Paulo: EBP, 2010. p. 38-39.

[15] MILLER, Jacques-Alain. Lacan com Joyce. Tradução de Yolanda Vilela. In: *Correio* n. 65. Revista da Escola Brasileira de Psicanálise. São Paulo: EBP, 2010. p. 38.

íntimo da cogitação e mata todos os efeitos literários". O sonho do leitor é, dessa forma, desalojado, varrido de seu imaginário, o que remete a uma leitura diferente daquilo que se chama normalmente de leitura. Essa é apenas uma das dimensões da obra de Joyce da qual Lacan soube extrair todas as consequências para a teoria e a prática psicanalítica a partir dos anos 1970.

Conforme afirma Jacques Aubert no artigo apresentado nesta coletânea, embora Lacan tivesse ido ao essencial da obra de Joyce, ainda é possível trabalhar sobre certas passagens, certos meandros da escrita joyciana. Jacques Aubert isola, assim, o momento em que Joyce termina *Dublinenses* e começa a reescrever *Um retrato do artista quando jovem*. Segundo ele, ainda que o modo da letra se desenvolva e se desabroche em *Finnegans Wake*, é possível localizar as suas premissas bem anteriormente, em textos sem muito valor, onde o que está em questão é a literalidade do nome, de um nome, a sua *"moterialidade"*. Jacques Aubert considera, portanto, neste texto, as três conferências ou artigos: *Drama and Life, Ibsen's New Drama, James Clarence Mangan* e os primeiros escritos autobiográficos de Joyce, a saber: *Um retrato do Artista* e *Stephen Hero*. Ele irá tratar igualmente de *Dublinenses*, que Joyce teve muita dificuldade para fazer alavancar e cuja conclusão teve valor de pontuação e atestou o seu ato real.

Jacques Aubert mostra que Joyce antecipa o real lacaniano, em uma dupla vertente. Não apenas o real como negação, como aquilo que resiste à simbolização e que permanece opaco ao significante. Mas também como através de sua própria desmontagem, o real opera como passagem, como atravessamento. Com efeito, o passo [*pas*] de *Dædalus* é apresentado como "a identificação de Stephen com esse traço diferencial onde se localiza a voz enquanto resto de voz, falta de voz, *estilhaço de voz caindo em letras*".

★ ★ ★

Como Jean-Claude Milner, François Regnault formou-se na École Normale Supérieure, em Paris, onde foi contemporâneo de Alain Badiou. Amigo de Michel Foucault e próximo de Louis Althusser e Jacques Lacan, Regnault é conhecido não apenas por sua grande erudição, mas também como uma das principais referências nos estudos das relações entre arte e psicanálise. Durante muitos anos, foi professor do Département de Psychanalyse da Université de Paris 8. Entre suas principais obras, constam: *Dire le vers*, com Jean-Claude Milner (1987), *Dieu est inconscient* (1986), *Em torno do vazio* (2001), *Notre objet* a (2003).

"Como se tornar François Regnault?", pergunta seu amigo Jacques-Alain Miller: "[...] Entre seus colegas da ENS, supostamente selecionados por um concurso exigente em toda a França, e quando três ou quatro turmas coexistiam num mesmo ano, ele já se distinguia por uma erudição que parecia universal, um estilo fulgurante e, acrescento, uma memória de elefante. Vocês o ouviram citar de memória Lacan e Braque, mas ele também o faz em relação a Racine, Victor Hugo, Proust e diversos filósofos. Aos vinte anos – não contarei toda sua vida – tornou-se especialista em Hegel, mais precisamente da *Fenomenologia do Espírito* [...]. Todas as artes interessam François Regnault por motivos diferentes. Que crítico musical ele poderia ter sido se continuasse na veia de seu artigo sobre a ópera, escrito com Pierre Macherey. A poesia: seu trabalho sobre o verso francês, composto com Jean-Claude Milner, é uma obra de referência. E, mais secreta, uma obra inédita de poemas requintados completaria esse capítulo. Sobre o cinema, talvez vocês tenham podido ler seus estudos sobre Hitchcock, por exemplo. Quanto ao teatro, suas contribuições são inúmeras: tradutor, autor, ator, crítico, consultor artístico [...]".[16]

Regnault é conhecido entre nós como autor de estudos acerca da estética lacaniana.[17] Mas é também um grande conhecedor de teatro, do teatro clássico francês, especialmente Racine e Corneille. E não apenas como teórico, mas até mesmo como diretor e ator.

---

[16] Extrato da saudação de Jacques-Alain Miller por ocasião da entrega a François Regnault do título de Membro de Honra da Biblioteca do Campo freudiano de Barcelona. In: REGNAULT, François. *Em torno do vazio. A arte à luz da psicanálise*. Tradução de Vera Avellar Ribeiro. Rio de Janeiro: Contra Capa, 2001 (orelha do livro). (N.T.)

[17] REGNAULT, F. *Em torno do vazio: a arte à luz da psicanálise*. Rio de Janeiro: Contra Capa, 2001.

No artigo aqui coligido, Regnault trata do teatro. Não do teatro clássico, mas do de Paul Claudel. Sem fazer algo como uma psicobiografia, Regnault analisa duas peças em que Claudel relata uma aventura amorosa que consumiu a segunda metade de sua vida: *Partage de midi* e *Le Soulier de satin*. Algo da contingência de um encontro amoroso pode inscrever-se justamente porque um certo *autómaton* reservava um lugar à *týkhe* por vir. Regnault trata das estratégias de formalização estética que permitiram a encenação e a repetição daquele episódio.

Em outras palavras, o tratamento formal não pode ser desvinculado das vicissitudes pulsionais da vida do artista. Regnault formula, assim, o que ele chama de "hipótese topológica lacaniana inicial": "em certos autores, o lado direito da vida e o lado avesso da obra estão em perfeita continuidade sobre uma superfície unilateral". Esse entrelaçamento é tal que se "um corte da banda de Moebius for efetuado, cada ponto do lado direito corresponderá a um ponto que incidirá sobre o mesmo nome no avesso". É sob esse prisma que Regnault analisa as duas peças de Claudel, lançando luz a um dos temas mais difíceis e controversos da psicanálise lacaniana: o gozo feminino.

Todos os dados biográficos, a começar pelos relatos de seu filho, parecem indicar que Claudel acreditaria n'A mulher. Mas uma análise detida dessas peças nos fornece um panorama diferente. Pois é, em primeiro lugar, justamente pelo fato de não ex-sistir que uma mulher pode funcionar como objeto de desejo de um homem, no caso Paul Claudel. Mas isso não é tudo. O conhecido adágio lacaniano segundo o qual "*A* mulher não existe" recebe um tratamento magistral neste artigo. "*A* mulher não existe. *Uma* mulher existe (é a definição de "uma"). *Essa* mulher terá existido (para mim)". Conjugando uma análise linguística fina e uma análise estética, Regnault deslinda todas as nuances desse aforismo, inclusive aqueles relativos à articulação entre o gozo feminino e o gozo de Deus.

★ ★ ★

Radicado na França desde 1949, François Cheng é poeta, tradutor, romancista e ensaísta. Sua obra lhe valeu prêmios importantes na cena literária francês, como o "Prix André Malraux", por *Shitao, la saveur du monde*, o "Prix Roger Caillois", por seus ensaios e sua coletânea de poemas *Double chant*, o "Prix Femina", pelo romance *Le Dit de Tianyi* e o "Grand Prix de la Francophonie", pelo conjunto de sua obra. A partir de 1974, Cheng tornou-se professor do *Institut National des Langues et Civilisations Orientales*. Seus trabalhos se compõem essencialmente de traduções dos poetas franceses para o chinês (mandarim) e dos poetas chineses para o francês. A maior parte de seus ensaios é consagrada ao pensamento e à estética chinesa, às monografias que têm como tema a arte chinesa, às coletâneas de poesias e aos romances. François Cheng foi eleito para a *Academie Française* em 2002.

Cheng afirma ter tido um contato privilegiado com J. Lacan. Durante vários anos, a partir de 1969, os dois homens compartilharam, segundo uma proposta de Lacan, a leitura de textos clássicos da literatura chinesa. Esse trabalho em conjunto permitiu que Cheng chamasse a atenção para a capacidade admirável de Lacan para interrogar os textos. Conforme afirma: "Ele [Lacan] aborda cada texto com infinita paciência, parando em cada detalhe. Em momentos inesperados, ali onde as coisas parecem evidentes, ele faz, de repente, uma pergunta que pode, a princípio, parecer despropositada, mas que abre, como que por malícia, camadas subterrâneas e inimagináveis. Assim, avançando com ele no texto, temos a impressão de que o chão pode se abrir a qualquer momento sob os nossos pés".[18] Cheng lembra que trabalharam juntos, semanalmente, até meados de 1973 e que depois dessa data os encontros se estenderam, de forma esporádica, até o final dos anos 1970.

Essas leituras em comum eram dedicadas algumas vezes ao estudo mais pontual de noções extraídas do pensamento chinês, outras vezes eram consagradas à pesquisa aprofundada de um texto. Quaisquer que fossem as noções ou os textos estudados era sempre Lacan quem os escolhia. Vale acrescentar que o trabalho de exegese a que se aplicavam Cheng e Lacan considerava os textos em suas versões francesas e originais, visto que Lacan

---

[18] CHENG, François. Le docteur Lacan au quotidien. In: *L'Âne, n. 48*. Paris: ECF/Seuil, 1991, p. 52-44.

conhecia a escrita chinesa. Os textos que mais interessavam Lacan eram extraídos principalmente de três obras: *O livro do Caminho e de sua virtude*, de Lao Tsé (século VI a.C), *O livro de Mencius* (pensador do século IV a.C., que contribuiu para o desenvolvimento do confucionismo) e *As anotações sobre a pintura do Monge Abóbora-Amarga*, do pintor Shitao (século XVII).

A leitura do primeiro capítulo de *O livro do Caminho e da virtude*, por exemplo, teve um efeito extraordinário sobre Lacan: ele descobriu que, em chinês, a expressão *Tao* significa, ao mesmo tempo, o *caminho* e o *falar* (ou a enunciação, conforme explica François Cheng). Lacan procurava entender como essa polissemia se produzira. Após o estudo de várias interpretações etimológicas, eles chegaram à imagem do camponês chinês da Antiguidade que abre um caminho na terra traçando um sulco em seu campo. "Abrir esse sulco é seu modo de fazer, e seu modo de fazer é seu modo de explicar, de falar do que faz".[19] Para responder a esse duplo sentido do *Tao*, Lacan propõe, em francês, o seguinte jogo fônico: *la Voie, c'est la Voix* (o Caminho/Via é a Voz). A partir daí, Lacan isola dois registros do *Tao*: por um lado, o fazer (que é sem nome, aquilo que é não tendo desejo), por outro, o falar (o nome, aquilo que é tendo desejo). O que propõe Lao Tsé? Como podem registros distintos se manter juntos? François Cheng observa que respondeu a essa pergunta de Lacan sem refletir muito: "pelo Vazio-mediano".

Jacques Lacan e François Cheng dedicaram-se, a seguir, a circunscrever a natureza dessa noção que é, segundo Cheng, a mais fundamental de todas. Em outras palavras, para além do Dois (Yin e Yang) há o Três, que vem a ser o próprio Vazio--mediano. A interpretação por eles proposta foi acolhida e adotada por sinólogos que, até então, contentavam-se em dizer que o Três provinha do Dois, sem aprofundar a questão.

Vale lembrar que, durante os anos de leituras e estudos na companhia de Cheng, Lacan estava elaborando a sua teoria da letra – "Lituraterra", por exemplo, foi escrito em 1971. Lacan estava

---

[19] CHENG, François. Le docteur Lacan au quotidien. In: *L'Âne, n. 48*. Paris: ECF/Seuil, 1991, p. 53.

interessado em saber como o vazio poderia ser articulado; em outras palavras, como a noção de Vazio-mediano poderia articular coisas que não poderiam se manter juntas nem passar de uma a outra. Como manter unido aquilo que não se reúne, como o fazer e o falar, o real e o sentido? "Não é a letra... litoral, mais propriamente, ou seja, figurando que um campo inteiro serve de fronteira para o outro, por serem eles estrangeiros, a ponto de não serem recíprocos? A borda do furo no saber, não é isso que ela desenha?".[20]

Certa vez, prevendo que os dois homens não mais se reveriam, Lacan disse a Cheng: "Caro Cheng, pelo que sei, por causa de seu exílio, você passou por várias rupturas em sua vida: ruptura com o seu passado, ruptura com a sua cultura. Você saberá – não é mesmo? – transformar essas rupturas em Vazio-mediano atuante e ligar o seu presente ao seu passado, o Ocidente ao Oriente. Você estará, finalmente, vivendo o seu tempo – e sei que já está".[21]

★ ★ ★

Quando se trata das intrincadas relações entre filosofia e psicanálise, é certo que a epistemologia (teoria da ciência) e a ética (teoria da ação) foram as duas áreas que receberam mais atenção. Há publicações abundantes e relevantes nesses dois domínios. Isso está relacionado, por um lado, a um fator contingente: a precoce publicação de *O Seminário, 7: A ética da psicanálise*, e a fatores mais estruturais, ligados à recepção da psicanálise, muitas vezes associada a uma tenaz interrogação acerca de seu estatuto epistemológico.

O mesmo não acontece com a estética, espécie de primo pobre da reflexão filosófica. No que tange às relações entre estética e psicanálise, o cenário é mais desalentador. São raras e desiguais as publicações nessa área. Pelo menos até a publicação deste volume, que vem contribuir para colocar em pé de igualdade com as primas abastadas.

---

[20] LACAN, J. Lituraterra. In: *Outros escritos*. Tradução de Vera Avellar Ribeiro. Rio de Janeiro: Zahar, 2003. p. 18.

[21] CHENG, François. Le docteur Lacan au quotidien. In: *L'Âne, n. 48*. Paris: ECF/Seuil, 1991, p. 54.

Prefácio

Rose-Paule Vinciguerra

Este livro retoma o ciclo quase integral das conferências organizadas na *École de la Cause freudienne* em torno das conexões do ensino de Lacan entre 1998 e 1999.

Lacan se interessou por todos os campos do saber e, em contrapartida, exerceu importante influência sobre as mais variadas esferas da cultura. Estas conferências dão testemunho da referência viva que o seu pensamento continua representando para nós. Agradecemos profundamente aos autores a permissão para a realização desta obra.

Jean-Claude Milner dedicou-se inicialmente a fazer uma reflexão sobre o percurso de Lacan. Após ter reconhecido a cientificidade da linguística saussuriana e particularmente a tese da diferença absoluta, fundamento de sua teoria do Um, Lacan a substituiu pelo que ele chama *linguisteria*, que se dedica a definir o sujeito em relação ao significante. "Minha hipótese é a de que o indivíduo que é afetado pelo inconsciente é o mesmo que constitui o que chamo de sujeito de um significante".[1]

Mais além da cientificidade da linguística, coloca-se, então, a questão mais consistente de seu objeto: a linguagem.

---

[1] LACAN, J. *O Seminário, livro 20: Mais, ainda* (1972-1973). Tradução de M. D. Magno. Rio de Janeiro: Zahar, 1985. p. 194.

Tomando como referência o pensamento de Wittgenstein, Jean-Claude Milner situa o passo dado por Lacan. Wittgenstein pretende estabelecer uma fronteira entre o que pode e o que não pode ser dito; porém, tal fronteira não é aceita por Lacan: o não-sentido que opera no próprio sentido não poderia ser excluído. O semi-dizer da verdade remete menos a uma fronteira do que ao que só é evocado de viés e não se deixa pensar por meio da significação. Assim, para Lacan, o não--sentido fica reservado ao jogo das escritas que – mais além de Wittgenstein – se revelam como uma "circunscrição do real".

Além disso, a tese que Wittgenstein sustenta em um segundo momento, refutando o solipsismo e a linguagem privada, parece, para Jean-Claude Milner, inaceitável para a teoria psicanalítica. De fato, segundo esse ponto de vista, o inconsciente resulta de regras privadas, não públicas, uma vez que, como sustenta Lacan, o inconsciente se situa aquém das significações. A referência ao grande Outro permite, portanto, afastar a perspectiva wittgensteiniana, e ela nada tem de artificial: ela faz valer o deslocamento maior que Lacan operou com relação à intersujetividade clássica; ele faz todo o possível para eliminar a importância atribuída por Wittgenstein à oposição privado-público. A língua pública que este último invoca não tem como fundamento senão o face a face imaginário.

Dessa forma, Lacan diz "não" a Wittgenstein sobre estas duas questões essenciais: a da fronteira e a da linguagem privada. É em torno da noção de silêncio que, segundo Jean-Claude Milner, a confrontação com Wittgenstein toma um sentido mais amplo. O pensamento de Lacan postula um "jamais isso se cala", e o enunciado "Eu, a verdade, falo" atravessa de modo recorrente toda a sua obra.

Ao enunciado "o inconsciente, isso fala", Lacan, como se sabe, acrescentou progressivamente a ideia de que "o inconsciente, isso se escreve". Isso escreve cadeias em que "o sentido é gozado". O inconsciente escreve a posição singular do ser de gozo do sujeito. Resta a impossibilidade de escrever a própria relação sexual.

É nesse exato lugar que os artistas nos convocam. Sabemos que Lacan, assim como Freud, tinha grande interesse pela literatura e pela pintura. Ao longo dos anos, inúmeras lições de seu seminário deram testemunho disso. Quanto à literatura, podemos mencionar Sófocles, Shakespeare, o teatro clássico francês, Poe, Gide... mas também Claudel e sua trilogia, Joyce, a quem Lacan dedica o Seminário O *sinthoma* e a escrita poética chinesa. Quanto à pintura, temos *Os Embaixadores*, de Holbein, *Las meninas*, de Velázquez. A literatura acompanhou constantemente a reflexão clínica de Lacan, que, como Freud, pensa que são os artistas que nos ensinam, e não o contrário.

Não é de psicanálise aplicada que se trata aqui, mas sim de reconhecer em que cada artista resolve ao seu modo um problema humano e universalizável na medida em que interessa à psicanálise.

Assim, o Lacan que se interessa pela literatura é esse que interpreta o desejo como desejo do Outro, mas é também aquele que considera "a relação do homem com a letra".[2]

Efeito de um encontro singular, as conferências sobre Claudel, Joyce e a poesia chinesa vêm nos lembrar o que é a letra para Lacan.

Para começar, Claudel, que François Regnault "interpreta" com *Partage de midi*, principalmente, e *Le Soulier de satin*. Há aproximadamente trinta anos, Lacan havia dedicado três lições de seu seminário *A transferência* à releitura do complexo de Édipo na trilogia dos Coûfontaine.

É a impossível escrita da relação sexual entre um homem e uma mulher que François Regnault faz surgir em *Partage de midi* ao colocar a seguinte questão: para Claudel, *A mulher* existe? É com a ajuda das fórmulas lacanianas da sexuação que ele nos guia nessa leitura.

No teatro de Claudel, a letra já está presente nos nomes Y*sé*, Prouhè*ze*, anagramas de Rose, "aquela mulher" encontrada

---

[2] LACAN, Jacques. Juventude de Gide. In: *Escritos*. Tradução de Vera Avellar Ribeiro. Rio de Janeiro: Zahar, 1998 p. 750.

no navio a caminho da China, em 1900, e cujo encontro irá presidir à dramaturgia das duas peças. Mas a letra está também neste *A*, de *A* mulher, "isto só se pode escrever barrando-se o *A*"[3]. Ora, no momento daquele encontro, Claudel parece ter acreditado nessa mulher Toda. Porém, esse uso genérico do artigo definido é prescrito por Lacan como impossível, pois se trata de um "significante do qual é próprio ser o único que não pode significar nada".[4]

Inspirando-se nos trabalhos linguísticos de Jean-Claude Milner, François Regnault analisa o ato de Lacan que consiste em escrever o genérico *A* para, em seguida, barrá-lo diante da unidade lexical "mulher", o que não significa barrar o próprio significante mulher.

Sem dúvida, "quando O homem quer *A* mulher, ele só a alcança ao encalhar no campo da perversão",[5] mas isso não vale para Claudel, visto que aquela mulher encontrada no navio o liberta da Trindade na qual ele crê: a Virgem Maria, a Sabedoria do Antigo Testamento e a Igreja. "Ele não toma Ysé por elas".

Ele acredita, contudo, ter encontrado a mulher no sentido maléfico, "A Grande Prostituta do Apocalipse", ou então *A* mulher de uma teologia que seria aquela da "predestinação sexuada". Somente a separação poderá, então, unir os amantes.

Assim, Claudel vai se dedicar, em *Partage de midi*, a decompor todas as formas da "passagem do genérico ao definido, ao indefinido, ao demonstrativo do encontro" e que assinalam que *A* mulher não existe; mas, "esse maldito *A*, marca do Todo, está sempre prestes a ressurgir. E ele ressurge, de fato, no ato III, com o retorno de Ysé, no qual esta última está, de certa forma, "no lugar de Deus para Mesa". Claudel tenta, então, o que poderíamos chamar uma "travessia da fantasia" d'*A* mulher.

---

[3] LACAN, J. *O Seminário, livro 20: Mais, ainda* (1972-1973). Tradução de M. D. Magno. Rio de Janeiro: Zahar, 1985, p. 98.

[4] LACAN, J. *O Seminário, livro 20: Mais, ainda* (1972-1973). Tradução de M. D. Magno. Rio de Janeiro: Jorge Zahar Editor, 1985, p. 99.

[5] LACAN, Jacques. Televisão. In: *Outros escritos*. Tradução de Vera Avellar Ribeiro. Rio de Janeiro: Zahar, 2003, p. 535.

Admite-se aí que a relação sexual é impossível; como em *Le Soulier de satin*, impossível de escrever.

O real a que se reduz "a doutrina da predestinação sexuada" se resolve, finalmente, em uma doutrina do nome próprio que vem nos lembrar que a nomeação sempre diz respeito a uma experiência única de gozo: operação impossível da qual o teatro não pode dar senão um equivalente, "o outro nome do nome" – sob a forma de nomeações reiteradas: "Mesa, eu sou Ysé, sou eu"; "Ysé, Ysé!". Nem por isso o nome próprio é menos inominável; ele é somente o que faz furo. Não resta, em *Partage de midi*, senão este último endereçamento: "Lembre-se de mim nas trevas, eu que por um momento fui sua vinha".

Que o nome próprio faça "furo no real", principalmente o Nome-do-Pai, tal foi a dificuldade experimentada por Joyce.

Para "manter à distância alguma coisa como uma psicose",[6] Joyce tenta "se fazer um nome"; ele tenta, com seu nome próprio de escritor, fazer um certo Nome-do-Pai. Joyce sabia e queria, com isso, ocupar várias gerações de universitários – no que ele foi bem-sucedido. Escrita particular em que o significante tende a perder a sua significação comum ganhando o registro da letra, do signo tendo efeito de Gozo. Esforço para escrever no real alguma coisa do simbólico.[7]

É um percurso de Joyce que Jacques Aubert retraça aqui ao desenvolver esta questão: como a falha do Nome-do-Pai da arte vai se fazer revestir, particularmente em *Dublinenses*, com o nome *Dædalus*, o primeiro a tornar presente na escultura uma "mímesis da vida"?

Como Dedalus, que rejeitara as *xoana* arcaicas, essas estátuas petrificadas, amputadas, próprias manifestações da ausência, Joyce vai tentar trazer aos homens uma verdade originária,

---

[6] REGNAULT, François. *Em torno do vazio*. Tradução de Vera Avellar Ribeiro. Rio de Janeiro: Contra Capa, 2001, p. 33.

[7] MILLER, Jacques-Alain. Lacan com Joyce. Tradução de Yolanda Vilela. In: *Correio* n. 65. Revista de Escola Brasileira de Psicanálise. São Paulo: Escola Brasileira de Psicanálise, 2010, p. 52.

"originária do trabalho real de lalíngua",[8] essa lalíngua onde "as palavras podem se retorcer em todos os sentidos".[9]

Mas a identificação imaginária com Dædalus – por onde a imagem do corpo poderá se tornar retrato – cai com sua viagem a Roma. Ali Joyce vai "abandonar seu projeto de revestimento do Gozo do Belo" e, mediante um encontro duplamente faltoso, concernindo Dublin e Roma, ele irá "encontrar um real". "O passo de Dedalus vai se tornar passo de Stephen", e Joyce passa a assinar Stephen Dædalus, filho da linhagem dos Dedalus, filho do fundador da arte, mas também Stephen, "protomártir da Igreja católica e figura da morte. Jacques Aubert relê a própria escrita do nome Stephen Dædalus como "decomposição literal", como "efeitos fonéticos", "estilhaços de vozes se decompondo em letras" e ele mostra o "engendramento metonímico irreversível" aí presente. Abandono do heterônimo Dædalus, um novo ato.

A partir de então, "o falso buraco que Dædalus tamponava" vai ser substituído, juntamente com esse nome, por uma metonímia que não inscreve a falta, mas faz apelo à palavra que se segue. "Joyce sabia que faltava algo em seu nome, isso é certo, e sua obra o complementa."[10]

A certeza dá lugar a "efeitos de assentimento" que, doravante, vão lhe permitir explorar todos os discursos "em suas mínimas inflexões".

---

[8] Adotamos, neste texto, a expressão "lalíngua", proposta por Haroldo de Campos para traduzir a noção lacaniana *"lalangue"*. Poderíamos precisar, resumidamente, que a noção de lalíngua (*lalangue*) foi introduzida por J. Lacan nos anos 1970 para redefinir o próprio estatuto do Inconsciente. Em sua tradução, Haroldo de Campos privilegia a forma "lalíngua", e não "alíngua", a fim de evitar o sentido privativo que a partícula "a" pode tomar em português, no sentido inverso ao apontado pelo artigo "a" (la) em francês. (cf. "O afreudisíaco na galáxia de lalíngua", *Exu*, Fundação Casa de Jorge Amado, Salvador, 1990; reimp. em *Correio*, n. 18-9, Belo Horizonte, 1998). (N.T.)

[9] LACAN, Jacques. *Le Séminaire, livre XXI, Les non-dupes errent* (1973-1974). Inédito.

[10] MILLER, Jacques-Alain. Lacan com Joyce. Tradução de Yolanda Vilela. In: *Correio* n. 65. Revista de Escola Brasileira de Psicanálise. São Paulo: Escola Brasileira de Psicanálise, 2010. p. 44.

O ritmo e a resolução do ritmo serão substituídos pelo "puro deslocamento metonímico dos acentos". A escrita se torna provocativa; o efeito de sentido se anula. Ressonância com efeitos inumeráveis. Puro gozo. Alegria [*Joie*].

Que a letra seja desarrimada do imaginário – isso a que chega a escrita de Joyce – é algo que torna ainda mais sensível o "casamento entre a pintura e a letra"[11] que a poesia e a caligrafia chinesa consagram. Não é ao estilhaçamento do sentido nem ao desmantelamento da palavra que a escrita dá lugar, mas a uma quintessência, essa do dizer e do fazer.

François Cheng, que revive aqui o seu encontro com Lacan, nos confirma que a teoria lacaniana da letra – elaborada principalmente em "Lituraterra" – apoiou-se na teoria chinesa da pintura.[12] Do gozo impossível de se escrever, a letra faz traço. Traço do vivo no gozo, a letra desenha uma borda, a "borda do furo no saber".[13] "Entre centro e ausência".[14]

A ausência é chamada Vazio por Lao Tsé. É dela que procedem o *Yin* e o *Yang*, razão pela qual subsiste entre eles o Vazio-mediano que reside no cerne de todas as coisas. "Diverso de um lugar neutro e vazio", esse Vazio-mediano é muito mais um "elemento dinâmico" que continua agindo no pleno. É dele que "o que é Sem-ter-Nome tende constantemente ao ter-Nome, e o que é Sem-ter-Desejo tende constantemente ao ter-Desejo".

Assim, atravessado pelo Vazio-mediano, o artista sabe possuir essa arte de vida que vem se unir à disponibilidade interna, à receptividade venerada por Mêncio. Ele pode, então,

---

[11] LACAN, Jacques. Lituraterra. In: *Outros escritos*. Tradução de Vera Avellar Ribeiro. Rio de Janeiro: Zahar, 2003. p. 20

[12] Essa ideia foi enunciada por Éric Laurent em seu Seminário de 1998-1999: "La fonction de la psychanalyse". Inédito.

[13] LACAN, Jacques. Lituraterra. In: *Outros escritos*. Tradução de Vera Avellar Ribeiro. Rio de Janeiro: Zahar, 2003. p. 18.

[14] LACAN, Jacques. Lituraterra. In: *Outros escritos*. Tradução de Vera Avellar Ribeiro. Rio de Janeiro: Zahar, 2003. p. 21.

"à imagem do sopro primordial liberado do Vazio original", inventar o traço tangível dessa promessa de vida que não se esgota. O traço Único de Pincel, teorizado pelo pintor Shitao – traço unário, poderíamos dizer – seria a "primeira afirmação do ser". É o "suplemento" que abre o caminho, o Tao. Desafio de uma aposta que se ganha com tinta e pincel,[15] é "um traço-de-união entre o espírito do homem e o universo" que é precedido, prolongado e mesmo atravessado pelo Vazio – e ele não cessa de chamar os outros traços. Assim, da mesma forma que um quadro é "um espaço sempre virtual aberto a outras metamorfoses", na linguagem poética, "no interior de um signo e entre os signos, o Vazio-mediano age pulverizando o domínio da linearidade unidimensional". Metáfora e metonímia podem, então, se reunir e se engendrarem mutuamente.

A poesia chinesa é, como toda poesia, porém de maneira mais paradigmática, "efeito de sentido"; mas é também, como indica Lacan, "efeito de furo".[16] Ela serve de modelo ao que, em psicanálise, chamamos interpretação.[17] Ela é "ascese de uma escrita"[18] onde se rompe o *semblant*.

Se a pintura e a letra chinesa, ao se inscreverem no centro do Nada, do Vazio, mantendo-o aberto, liberam "o Espaço do sonho"[19] é de outra pintura, a pintura abstrata do século XX, que Gérard Wajcman nos fala. "Rompendo com o que o Cristianismo instaurou como condição e necessidade da imagem", o quadro na arte abstrata não é janela aberta sobre a *historia* nem "entrada do invisível no visível". Ele é, tal como *Quadrado negro*

---

[15] LACAN, Jacques. Lituraterra. In: *Outros escritos*. Tradução de Vera Avellar Ribeiro. Rio de Janeiro: Zahar, 2003. p. 21.

[16] LACAN, Jacques. *Le Séminaire, livre XXIV (1976-1977), L'insu que sait de l'une-bévue s'aile à mourre*. Inédito.

[17] LACAN, Jacques. *Le Séminaire, livre XXIV (1976-1977), L'insu que sait de l'une-bévue s'aile à mourre*. Inédito.

[18] LACAN, Jaques. *Le Séminaire, livre XXI, Les non-dupes errent*. Inédito.

[19] CHENG, François. *L'espace du rêve. Mille ans de peinture chinoise*. Paris: Phébus, 1980.

sobre fundo branco, de Malevitch, quadro do que é sem imagem, quadro de um nada inabitável, "fora da história". Absoluta e singular presença de um real que não dá lugar a nenhuma simbolização, o quadro de Malevitch "refuta" o reino milenar da imagem simbólica e é "a própria experiência da ausência de objeto". Mais do que isso, "ele *é* essa ausência", "real, espessa, opaca". O impossível de escrever não deixa lugar, como a letra, a um traço de gozo vivo, mas manifesta a sua destruição radical. A partir de então, ele só poderá "mostrar". A arte, nesse caso, evoca o Vazio inscrito no âmago do ser como faz a pintura chinesa; aqui, a arte mostra a falta.

Se Joyce, como Dedalus, quis despertar das *xoana* sem forma evocando a ausência na presença a fim de produzir uma mímesis da vida, é em *xoana* modernas que a pintura abstrata faz pensar. Mas, no lugar da ausência, é o real que se apresenta, ou seja, a exclusão de todo sentido.

Desse real excluído do sentido que a arte abstrata não pode senão mostrar, Gérard Wajcman faz um acontecimento: a shoah. A esse acontecimento irrepresentável, imemorial e que pretendeu erradicar os próprios nomes, ao que não cessa de não se escrever, o filme de Claude Lanzmann dá um nome: *Shoah*.

Essa nomeação é um ato fundador. A obra de arte instaura aí o seu tempo.

Assim, mais além do imaginário do Belo, da imagem que, velando a falta, "é de ouro" [*est d'or*], "dorme" [*dort*],[20] o escrito e a letra – sejam eles casados ou não com a pintura – nos despertam. Através do significante que aí se precipita, um acesso ao real se delineia.

Toda vez que uma verdade se enuncia, que uma queixa é emitida, que um meio-dizer advém, como afirma Lacan, "é sempre a partir de uma referência à escrita que aquilo que pode ser situado na linguagem encontra o seu real".[21]

---

[20] LACAN, Jacques. *Le Séminaire, livre XXI, Les non-dupes errent*.

[21] LACAN, Jacques. *Le Séminaire, livre XXI, Les non-dupes errent*.

Da linguística à linguisteria
Jean-Claude Milner

A linguística interessou Lacan a partir do Discurso de Roma. Ela o interessou enquanto ciência. Poderíamos mesmo afirmar que entre o antes e o após 1953, os traços diferenciais pertinentes se ordenam em torno de uma única palavra de ordem: tomar finalmente a medida de um novo *factum scientiæ*, do qual a linguística dá testemunho e que torna obsoletas todas as epistemologias anteriores. É verdade, contudo, que a partir dos anos 1960, esse interesse diminuiu continuamente, ainda que ele tenha cessado completamente apenas no *Seminário 20*, em que se percebem alguns sinais de adeus.

Uma questão se coloca então: o que significa o enfraquecimento de um recurso considerado inicialmente tão decisivo? A que se deve essa inflexão e que consequências ela acarreta? É preciso, ao menos, que estejamos a par da natureza do próprio recurso. O decisivo tem a ver como o nome ciência? Podendo portar esse nome, a linguística exprimiria que a ciência não era exatamente aquilo que se pensava antes dela. Ou o decisivo tem a ver com a linguagem? Ao tomar a linguagem como campo (mediante os refinamentos que Saussure trouxe às definições), a ciência linguística estabeleceria as suas propriedades, que eram, até então, ignoradas.

No primeiro caso, o desinteresse pela linguística deve ser explicado por uma inflexão que diz respeito à ciência; no segundo caso, o desinteresse tem a ver com a questão da linguagem em si mesma. Apesar disso, a escolha não é exclusiva. Entretanto, para fins de clareza, separarei as duas hipóteses, levando cada uma delas tão longe quanto possível, com o risco de constatar, no final, que elas mantêm alguma relação entre si.

1. Primeira hipótese: quanto à linguística, o nome ciência é decisivo

1.1. Para Lacan, trata-se de uma ciência galileana tal como Koyré a definiu; ela tem um objeto empírico e radicalmente contingente, assim como a física; e, assim como a física, ela é matematizada, salvo que, nesse caso, a matematização não deve nada à medida e deve tudo à literalização forçada.

Primeira consequência: a matematização pode ser concebida diferentemente do que se havia suposto.

Segunda consequência: há ciência galileana daquilo que, em termos antigos, se atribuiu à convenção e, em termos modernos, se atribuiu à cultura: a língua.

Isso pode ser dito de duas maneiras: ou há um galileísmo da cultura (e é a noção de ciência que muda), ou, se concordarmos em chamar "natureza" o campo das ciências galileanas, então a natureza incluiu fenômenos que dizíamos ser da alçada da cultura (e é a noção de natureza que muda). Nos dois casos, trata-se de uma revolução do pensamento. A expressão não é demasiadamente forte. Ainda mais que a língua não foi a única a ter sido afetada por isso: é o que se chamou estruturalismo. Dessa revolução, nós fomos as testemunhas. Por essa mesma razão, nem sempre mensuramos exatamente a sua amplitude.[1] Ela era grande, tão idêntica a si mesma, sem dúvida alguma, envolta em mundanidades e, acima de tudo, efêmera.

---

[1] Um exemplo entre cem: é uma das raras vezes na história que se pretendeu inventar formas novas de raciocínio empírico. Assim, a distribuição complementar é um raciocínio apresentado como empiricamente embaraçoso, e nenhuma lógica empírica anterior – quer se trate de Aristóteles, de Bacon, de Stuart Mill – teve essa ideia.

1.2. De fato, o dispositivo matricial constituiu-se no início do século XX (o *Curso de linguística geral* data de 1916) e poderíamos acreditar que termina com esse século. Se, assim como Lacan, entendermos por linguística o que se institui com o *Curso de linguística geral*, é preciso reconhecer o que ele é. Nada disso é mais admitido hoje em dia; toda evidência foi perdida. Há, para isso, várias razões; algumas se devem à própria linguística e a sua evolução interna, o que a fez contestar algumas das proposições mais formalmente assertivas do *Curso*. Outras razões se devem à *doxa*.

A linguística dependia, sem necessariamente o saber, de uma proposição: a língua não é uma superestrutura. Que Stálin tenha sido o único a formulá-la explicitamente e a tentar demonstrá-la formalmente, não impede que não se possa restituí-la, diretamente ou não, nos diversos modelos da linguística moderna. Ora, atualmente tudo repousa sobre a convicção de *doxa* de que a língua é uma superestrutura. Testemunha disso é a querela sobre a feminização dos nomes das profissões. A convicção de que um poder político (o Estado, os grupos de pressão, a imprensa de opinião, etc.) tem o direito e o dever de intervir na língua, está bem consolidada na esquerda, mas em outras tendências igualmente. A versão progressista dessa convicção suscita o seguinte consenso: admitindo-se, primeiramente, que a vontade reformadora de um poder é mensurada segundo ele queira reformar as superestruturas (sem, evidentemente, tocar nas infraestruturas, porque isso é a revolução e leva ao *Livro negro*), e admitindo-se, em segundo lugar, que a língua é uma superestrutura, um poder só será completamente reformador ao tocar também naquela superestrutura. Em suma, a *doxa* na França, e também em outros lugares, voltou a ser o que ela era antes de Saussure ou de Meillet. Todo mundo fala da linguagem em geral e da língua francesa em particular como se a linguística não houvesse existido. Sem fazer excluir os próprios linguistas. Essa evolução vai além da linguística propriamente dita. Ela tocou, sem dúvida alguma, a psicanálise. Afinal de contas, o próprio do freudismo não consiste em sustentar que o recalcamento não é uma superestrutura? Que nos usos e costumes de uma sociedade (família, propriedade, Estado), o binarismo natureza/cultura não esgota tudo? Que alguma coisa das relações de parentesco e das trocas entre homens e mulheres excede a soma das determinações superestruturais de uma dada cultura? Ora, o discurso corrente proclama incessantemente o contrário. O que prevalece nesse caso é o que se concordou em chamar a visão sociológica do mundo (seja em sua versão histórica, seja em sua versão jornalística); ela equivale a afirmar que tudo é superestrutura de uma infraestrutura indeterminável (porque não se é mais marxista), a não ser como natureza fora da linguagem: genes, ou ecologia, ou necessidades espirituais, pouco importa (visto que, de toda maneira, não se deve tocar na infraestrutura, com o risco de se incorrer na abominável revolução – respeito pelos genes, pela ecologia, pela espiritualidade, etc.). Poderíamos mesmo precisar de que maneira a psicanálise é transposta a esse registro. Cabe a ela, muito especialmente, a missão de converter em superestruturas o núcleo considerado o mais indestrutível e sombrio dos encontros *homo homini*. Trabalho, família, pátria: somente ela é considerada capaz de torná-los mais flexíveis à vontade das mãos reformadoras; capaz de fazer de modo que o próprio inconsciente se torne superestrutural e, de reacionário, se torne progressista.

O triunfo social da psicanálise não deve dissimular a reviravolta: ela própria se tornou a auxiliar de uma doutrina superestrutural da qual o freudismo estrito pensava ter tudo a temer. Para essa reviravolta, certamente contribuiu o apagamento de todas as formas de literalismo, na primeira fila das quais se encontrava justamente a ciência literal da linguagem.

1.3. O dispositivo sociologizante é um espectro. Ele não realiza nada menos que um retorno e uma restauração do dispositivo antigo que opunha dois reinos:

- o reino das leis mudas, que não precisam ser exprimidas em língua humana para se impor: é a *physis* ou a natureza não moderna;

- o reino das regras que podem e devem ser exprimidas em língua humana: reino da convenção (*thesei*).

Dessa dicotomia antiga, existem muitas variantes estilísticas: infraestrutura / superestrutura, natureza / cultura, natureza / sociedade, coisas / homens, coisas / palavras, necessidade / liberdade, ciências / letras, etc. É justamente isso que o *Curso de linguística geral* havia recusado. Totalmente.

A linguística enquanto ciência era, portanto, decisiva. Mais do que qualquer outra ciência, atestava a legitimidade do galileísmo estendido à cultura; dava acabamento a uma figura inteiramente moderna da natureza, radicalmente distinta da *physis*; mais estritamente ainda; definia um modo do Um que não devia mais nada ao Um da *physis* – quer se trate da *physis* aristotélica, quer se trate da *physis* atomista: um Um que não é esse do átomo nem aquele da letra (ao qual o atomismo pode ser reduzido), mas precisamente esse do significante que "não representa senão para".

1.4. O que eu chamo o primeiro classicismo de Lacan se inscreve inteiramente aí. O programa cientificista de Freud é então retomado a partir de novas bases. A relação da psicanálise com a ciência da natureza é reexaminada, salvo que a noção de natureza mudou e que o conceito de ciência foi redefinido: retorno a Freud, mas não a Mach. É verdade que o segundo classicismo atribui menos importância a tudo isso. A referência à estrutura se desgasta porque, por seu lado, a linguística deixa de pretender ser estruturalista no sentido estrito e tende a naturalizar cada vez mais o seu objeto – até [chegar a] definir a linguagem como um órgão. Assim, a deiscência entre natureza e *physis* é novamente questionada, e os dois reinos tendem a se sobrepor novamente. Na linguística, assim como em Lacan: no *logion* do *Seminário 20*, "a natureza tem horror do nó", o termo "natureza" deve ser entendido no sentido pré-galileano.

1.5. A relação com a linguística se torna, portanto, menos estreita. Testemunha disso é o tema da linguisteria. É do cerne do segundo classicismo nascente que emerge esse nome. Em *Televisão*, Lacan escreve: "Da linguagem [...] pouco sabemos, apesar do que designo como linguisteria, para nela agrupar o que pretende – essa é a novidade – intervir nos homens em nome da linguística. A linguística é a ciência que se ocupa de lalíngua, que escrevo numa palavra só, para com isso especificar seu objeto, como se faz em qualquer outra ciência".[2] Tudo aqui mereceria comentário: a distinção entre linguagem e lalíngua; o fato de que a linguística seja sempre considerada ciência; o fato que se diga que ela tem a linguagem como objeto (por ser clássica, a proposição não é trivial); a noção de intervenção que, sem dúvida, deve ser a associada à noção de prática ou *praxis*, que Lacan invoca frequentemente a propósito da psicanálise.

Digamos, para resumir, que o segundo classicismo considera resolvido o problema da ciência, nesse sentido, a importância do galileísmo estendido diminui; trata-se de um combate passado, que terminou com uma vitória. Lembremos que Lacan, mais do que ninguém, raciocinava como um combatente e sabia que os campos de batalha mudam. Remeto à nota que se encontra à página 823 dos *Escritos*.[3]

Considero, por minha parte, que Lacan estava materialmente enganado: o combate do galileísmo estendido foi perdido, a menos que a sua vitória tenha sido efêmera e tenha muito rapidamente se transformado em derrota, o que dá no mesmo. Uma consequência pode ser constatada: partes inteiras da doutrina lacaniana tornaram-se propriamente incompreensíveis ou, de preferência, inatuais, quando não intempestivas, no sentido em que Nietzsche dizia *unzeitgemässig*. Mas pouco importa. No momento em que Lacan inventa o nome "linguisteria", ele tem suas

---

[2] LACAN, Jaques. Televisão. In: *Outros escritos*. Tradução de Vera Avellar Ribeiro. Rio de Janeiro: Zahar, 2003. p. 510. (N.T.)

[3] LACAN, Jacques. Subversão do sujeito e dialética do desejo no inconsciente freudiano. In: *Escritos*. Tradução de Vera Avellar Ribeiro. Rio de Janeiro: Zahar, 1998. p. 823. Nota 7: "Deixamos esse parágrafo apenas como marco de uma batalha superada (nota de 1962; onde estávamos com a cabeça?). (N.T.)

razões para acreditar em uma vitória e, consequentemente, no caráter ultrapassado de certos combates, com o risco de comentar mais tarde, como ele fez em outras ocasiões, "onde estávamos com a cabeça?" Uma vez admitido esse ponto, compreende-se que Lacan lembre que o que importa ao inconsciente, é não a ciência linguística como tal, mas a linguagem.

No entanto, a linguística não deixa de interessar um pouco: "Intervir em nome da linguística" é o que se diz. A expressão é forte. Ainda mais que se está no pós-1968 e que a palavra intervenção reencontrou o seu sentido de movimento violento. Entendamos por "linguagem" o estenograma nominal desta proposição de fato: "os homens falam" (de onde extrairíamos facilmente, mediante algumas proposições suplementares, as noções de "ser falante" e de "falasser" (*parlêtre*), que substituem, sem dúvida, o nome "homem"[4]). Intervir nos homens em nome do fato de eles serem falantes poderia ser uma maneira de descrever a *praxis* da psicanálise. Não é o que afirma Lacan, uma vez que ele diz "intervir em nome da linguística"; mas, se restabelecermos os elos intermediários, será possível compreender: a novidade que perdura é que a afirmação imemorial "os homens falam" (= linguagem) tomou, desde então, um alcance radicalmente novo, e isso depois que uma linguística se tornou possível. Galileana ou não, basta que ela se queira como tal, ou melhor, que certos linguistas a queiram como tal. Tudo o que, de perto ou de longe, tem a ver com a afirmação imemorial encontra-se, portanto, afetado. É isso, a linguisteria.

É verdade que as coisas mudaram após 1953. No Discurso de Roma, discernimos a convicção de que, pela linguística, saberíamos muito mais sobre a linguagem do que Freud sabia

---

[4] Certamente, eu simplifico. Da proposição "os homens falam", saltamos temerariamente para a proposição "os homens falam alguma coisa". A linguagem é, ao mesmo tempo, o estenograma da primeira proposição e o nome reunidor desse "alguma coisa" que os homens falam. Não insisto sobre o que há de imaginário no salto de uma proposição a outra, na construção do estenograma e na constituição em ser consistente (e analisável em propriedades) desse x que os homens são supostos falar.

sobre ela. Contrariamente, a proposição de *Televisão* é a constatação de um fracasso, confirmado por outras declarações: sobre a linguagem, a linguística terá, finalmente, nos ensinado pouco. Contudo, pouco não quer dizer nada.[5]

Ao inventar o nome "linguisteria", Lacan convida a psicanálise a se lembrar incessantemente que, quanto a quem a autoriza – o *factum loquendi*, o fato de que haja linguagem – existem não apenas os escritores, tão caros a Freud, mas também alguns linguistas. Jakobson pode esclarecer tanto quanto Goethe ou Dostoievski, ainda que a sua luz seja de outra natureza e suscite outros tipos de brilho. Daí decorre que "linguisteria" seja formada a partir do nome "linguista", mediante um sufixo frequentemente reservado a grupos cujos membros são dispersos, desprezados, rivais uns dos outros e condenados a uma velhice deplorável: escroqueria, galanteio, pedantismo, plágios. Ciência ou não, a linguística conta menos como tal do que como a aventura de alguns sujeitos.

Resta que esses sujeitos queriam que ela fosse ciência, e que apenas esse querer podia animá-los com força suficiente – ainda assim, depois de tudo o que somente a ciência pode mandar para o espaço: ao mesmo tempo Graal e flibusteiros. Nesse registro, a linguística continua contando, porque seus aventureiros, devido ao seu fracasso, muito mais que por seu êxito, tocaram em alguns recifes de real.

2. De toda maneira, se é remetido da primeira à segunda hipótese: quanto à linguística, somente a linguagem importa

O que Lacan supõe da linguagem? Apesar das aparências, não é trivial avaliar com precisão o alcance *próprio* dessa suposição. Isso ao menos cessa de ser trivial quando nos impomos, como convém, separá-la do movimento geral ao qual ela é geralmente associada: essa forma particular da guinada "linguística", ou melhor, "linguageira", que marcou progressivamente

---

[5] (Cf. LACAN, Jacques. Radiofonia. In: *Outros escritos*. Tradução de Vera Avellar Ribeiro. Rio de Janeiro: Zahar, 2003, p. 407-408).

a *paideia* francesa depois dos anos 1930. A disjunção foi, aliás, provocada pelo próprio Lacan: a inflexão iniciada em *Televisão* encerra um adeus, não apenas aos anos 1960, mas também aos anos 30. Visto que o dispositivo evolui, é oportuno escolher uma baliza que lhe seja exterior. Wittgenstein é, nesse caso, precioso. Tanto o primeiro Wittgenstein como o segundo, embora as doutrinas sejam diferentes, mas, na verdade, é justamente por isso que é valioso.

2.1. O primeiro Wittgenstein, o do *Tractatus*, enuncia as três proposições que se seguem: (a) há, entre o que se pode dizer e o que não se pode dizer, uma fronteira real e intransponível; (b) sobre o que não se pode dizer, é preciso se calar; (c) isso que não se pode falar, se pode somente mostrar. Ele acrescenta aí definições, "poder se dizer", é poder se dizer de maneira dotada de significação e "falar de alguma coisa", é falar de alguma coisa que seja dotada de significação.[6]

"O livro traçará, portanto, uma fronteira [...] não ao ato de pensar, mas à expressão dos pensamentos".[7] Se há fronteira nas expressões, isso quer dizer que não se pode dizer da mesma maneira os dois lados da fronteira: haverá significação de um lado, e não haverá de outro; mas isso quer também dizer que há expressão dos dois lados. Wittgenstein é claro sobre esse ponto: "Para traçar uma fronteira ao ato de pensar, deveríamos ser capazes de pensar os dois lados da fronteira (deveríamos pensar o que não se deixa pensar)". Já que se pode, ao contrário, traçar uma fronteira na língua, é preciso que haja coisas que se digam na língua, mas cujo dizer não se articula em proposições dotadas de significação.

Afinal de contas, é o que a lógica sempre supôs; e por essa razão mesma, ela sempre se apresentou, naturalmente, como

---

[6] Cito o *Tractatus* na tradução de Gilles-Gaston Granger (Gallimard, 1993) introduzindo uma modificação: Gilles-Gaston Granger traduz o alemão *Sinn* por "sentido"; eu prefiro a tradução "significação".

[7] WITTGENSTEIN, Ludwig. *Tractatus logico-philosophicus* (Avant-propos, p. 31).

uma espécie de medicina da língua. Verdadeiramente falando, esse é o único motivo pelo qual a lógica pode ser considerada como uma parte da filosofia. Desse ponto de vista, o título de Wittgenstein é esclarecedor, pois combina lógica e filosofia e, com isso, reivindica a intenção terapêutica.

Outra consequência: a língua é, em si mesma e por si mesma, intrinsecamente anterior a qualquer fronteira que aí se traça em nome da significação; ela pode e deve ser analisada independentemente dessa fronteira. Tal é precisamente o ponto de vista da linguística. A língua em si mesma e por si mesma, essas são as palavras de Saussure, e os gramáticos antigos já zombavam dos lógicos, alegando que frases verdadeiras e frases falsas, frases sensatas e frases absurdas, teoremas e truísmos, *episteme* e *doxa*, tinham a mesma estrutura de língua.

Compreende-se, então, a escolha de Lacan. Como Hércules no cruzamento dos caminhos, ele encontrou, ao articular o inconsciente à linguagem, duas vias diante de si: a via da lógica – entendida como medicina que reduz os paralogismos, as obscuridades, em nome da preservação da significação –, e a via da linguística – entendida como ciência galileana, impassível e imparcial entre significação e não-significação. Escolher a linguística é escolher que a significação não faça fronteira na linguagem (o que não exclui que existam dispersos, aleatórios e instantâneos, certos efeitos de borda, que Lacan atribui ao "sentido'). É escolher que as expressões não se dividam em dois reinos separados, mas que se possa semi--dizer: estar ao mesmo tempo dos dois lados de qualquer fronteira de significação que seja.

Reciprocamente, aliás, a lógica também se divide em duas: enquanto ela se preocupar com o que faz significação ou não, ela é lógica filosófica e procede do imaginário (inclusive para reduzi-lo: grandeza de Russell); ela somente toca no real ao deixar de lado a questão da significação, para se ater ao puro e simples cálculo literal, o qual visa não reformar a linguagem cotidiana, mas substituí-la inteiramente. Gödel e Bourbaki, e não Russell.

O *logion* decisivo é, precisamente, "não há metalinguagem".[8] A distinção "linguagem" / "metalinguagem" (substituída pela distinção "menção" / "uso", pela definição das aspas como protetoras da significação, etc.) estava no fundamento da maioria das terapêuticas lógicas; dizer não a isso é certamente levar em consideração um dado incontornável: toda a *Traumdeutung*, e de modo geral toda interpretação, repousa sobre a indistinção ou, antes, sobre a homofonia necessária entre menção e uso. Mas é ainda mais do que isso. Quanto à linguagem, é ousar dizer não à lógica, graças à linguística; e quanto à lógica, é dizer não a toda terapêutica (portanto, também à leitura wittgensteiniana da lógica), e dizer sim à literalidade pura: lógica, ciência do real, e não da linguagem.

Poderíamos ir um pouco mais adiante. Lacan não apenas recusa toda fronteira real na linguagem, como também sustenta que há fronteira real nos pensamentos. Não é isso que o próprio conceito de inconsciente supõe? Na interpretação que Lacan dá de Freud há, de fato, fronteira ao ato de pensar, o que tem como consequência isto: a análise deve pensar o que não se deixa pensar. Conhecemos a resolução lacaniana do que

---

[8] Com a condição de bem compreendê-lo. O que é negado não é a possibilidade de a língua falar de si mesma; ao contrário, o que é negado é a necessidade real da língua, quando ela fala de si mesma, de sair de si mesma. Para evitar os contrassensos, leremos Jacques-Alain Miller, "U ou il n'y a pas de métalangage", *Ornicar*, n. 5 1975/1976, p. 67-72. Atentaremos particularmente para não confundir o logion de Lacan com uma proposição de Wittgenstein tal como esta: "Nenhuma proposição pode enunciar algo sobre si mesma" (*Tractatus*, 3.332). Sem falar da proposição mais geral, que é recorrente sob uma forma ou outra, nos lógicos: "É impossível falar significativamente de uma linguagem L permanecendo no interior dessa linguagem". Aí está, justamente, o axioma fundador da metalinguagem. Inversamente, o logion de Lacan pode ser assim parafraseado: "de uma língua, só uma língua fala" ou "não se sai da língua". Quanto ao linguista, ele sabe, há muito tempo, que a gramática latina pode permanecer interior ao latim e seguir as regras do latim; ou que o fragmento de língua *haec est virtus* pode funcionar como o nome mesmo da regra que aí é aplicada.

Wittgenstein apresenta como um impasse: já que há fronteira ao ato de pensamento e visto que não há fronteira na linguagem, então é possível bem dizer o que não se deixa pensar. E já que é possível, é um dever. Decorre daí uma inversão geral de Wittgenstein: nem o sonho, nem o sintoma, nem o lapso mostram, eles dizem. Em suma, o inconsciente não se mostra como um quadro, mas é estruturado como uma linguagem. Daí, um deslocamento da "Proposição 7" do *Tractatus*: sobre o que não se pode pensar, é preciso semi-dizer.

Lacan não cansou de repetir o axioma segundo o qual se pode dizer os dois lados de toda fronteira. Ele o desenvolveu de múltiplas maneiras: pela linha platônica e a *orthè doxa*, pela topologia que, ao opor esférico e asférico, autoriza também que eles sejam reunidos um no outro, pela definição do matema como *orthè doxa*, pela teoria da verdade; ele o completou acrescentando que se pode sempre dizer os dois lados de uma fronteira, mas não tudo dizer (formalização quase russelliana do não-todo). Com a condição de compreender que dizer a verdade é propriamente dizer os dois lados de toda fronteira, reconhecemos as primeiras palavras de *Televisão*. A decisão inicial é, contudo, clara; quanto à linguagem, seria preciso não acreditar em nenhuma palavra do que dela diziam os lógicos, a saber, que a significação é aí essencial. Mas, para sustentar que a significação não é essencial à linguagem, era preciso ir contra a humanidade inteira. A primeira e a única que teve essa arrogância foi a linguística. Acrescentarei, *en passant*, que ela começa a pagar por isso.

2.2. O segundo Wittgenstein afirma nas *Investigações filosóficas*: "Não há linguagem privada". Sobre a interpretação exata dessa afirmação, os comentadores divergem (remeto, entre outros, a Kripke). A maioria deles admite, entretanto, que o uso da palavra "privada" supõe a oposição "público / privado", tal como é habitualmente entendida na *doxa* filosófica. Eles admitem também que se pode extrair duas sub-proposições: (a) ali onde não há regra não há linguagem; (b) há somente regra pública.

A proposição (a) não distingue Wittgenstein da maioria daqueles que doutrinam sobre a linguagem; é a proposição (b) que é discriminante. Wittgenstein a desenvolve em sub-proposições múltiplas: jamais se pode reconstruir uma regra não pública por indução a partir de condutas observadas, porque qualquer conduta pode ser considerada como a aplicação de qualquer regra; obedecer a uma regra não poderia ser uma conduta unicamente privada, etc. (*Investigações*, I, § 199-202). Que haja regra somente pública é isso que estenografa a noção de "jogo". Daí o mito (no sentido platônico do termo) do "jogo de linguagem"; todo fragmento de linguagem pode e deve ser contado como um jogo cuja regra teria sido anunciada precedentemente diante de algum público. Embora, evidentemente, nenhuma linguagem seja um jogo e que jamais se enuncia antecipadamente as regras como aquelas de um jogo. A expressão "jogo de linguagem" é apenas o estenograma da tese "não há linguagem privada".

Ora, o logion lacaniano da estrutura, digo, o logion que se pode extrair de "o inconsciente é estruturado como uma linguagem" supõe, precisamente, que o inconsciente seja uma linguagem privada. Pois, afinal, o que supunha a linguística refletindo sobre a estrutura? Que os sujeitos que falam uma língua respeitam regras e exigências cujo conteúdo, e até mesmo a existência, é ignorado por todos.

Essa suposição é anterior à própria linguística; ela está implícita nas histórias mais antigas dizendo respeito à língua: história do *schibboleth*, a da vendedora de ervas e de Teofrasto, etc. Ela subsiste mesmo depois de a linguística galileana já não mais raciocinar em termos de estrutura. Como havia suposto Chomsky, se uma gramática é um conjunto de regras e se alguma gramática existe como "faculdade de linguagem" (expressão de Saussure retomada por Chomsky) em todo ser falante, desde o seu nascimento, então existe uma linguagem privada (ainda que ela subsista somente potencialmente e se atualize apenas em uma língua pública); o sujeito falante obedece às regras de maneira privada; o linguista as reconstrói por indução; o que supõe que qualquer conduta não seja a aplicação de qualquer regra.[9]

Dizer que o inconsciente é estruturado como uma linguagem é, portanto, dizer que o inconsciente é coisa privada – como toda linguagem na medida em que essa linguagem é estruturada. De fato, tal como a psicanálise freudiana o constituiu, ele funciona de maneira estritamente regrada, mas sem que nenhuma de suas regras seja pública; mais do que isso, a própria noção de tratamento supõe que ao publicar tal regra de um inconsciente singular, dissolvemo-la: não publicada, a regra seria também não publicável. Ao construir a hipótese de um inconsciente estruturado como uma linguagem, a psicanálise afirma muito precisamente a existência real de uma linguagem privada do sofrimento, ao menos do mal-estar (comparar *Investigações* I, § 243). Aliás, o sintoma não consiste na obediência estritamente privada de uma regra estritamente privada? Obediência e regra tão privadas que nem sempre são reconhecidas como obediência ou como regra, nem por uma testemunha nem pelo próprio sujeito. Sem falar de certa verbalização célebre, analisada por Serge Leclaire.[10]

2.3. Sob essa perspectiva, só podemos enfatizar a consistência sistemática que levou Freud a afirmar igualmente a

---

[9] Tal é o impasse que o inatismo chomskyano apresenta, que ele seja, ou não, interpretado em termos filogenéticos. Na realidade, todo inatismo equivale a supor que há uma linguagem privada. Reciprocamente, a negação da linguagem privada equivale a recusar todo inatismo, inclusive o inatismo lorenziano. Observaremos, de passagem, que, consequentemente, refuta-se por antecipação toda doutrina cognitivista, segundo a qual existe, filogeneticamente constituídas, regras privadas próprias a cada aparelho de cognição. Evidentemente, é também tentador interpretar o *a priori* kantiano como uma linguagem privada; todo empreendimento transcendental supõe que o sujeito obedeça, de modo privado, a algumas regras. A mesma observação vale, *a fortiori*, para o imperativo categórico. Inversamente, poderíamos sustentar que o Cogito não supõe nenhuma linguagem privada e se associa facilmente à hipótese de uma definição pública das regras do emprego da palavra "cogito" (sem mesmo falar de uma definição pública das regras da meditação).

[10] Cf. LECLAIRE, Serge. *Psicanalisar*. São Paulo: Perspectiva, 1977. p. 81-98 ("o sonho do unicórnio"). (N.T.)

existência de jogos privados. É o *fort-da*. Há jogo, certamente, mas aquele que a ele se entrega não estaria em condições de formular a sua regra. Em primeiro lugar, porque ele é ainda quase *infans*; em segundo lugar, porque a regra não existe propriamente falando: ela consiste somente em uma aparição e em uma desaparição, associadas a uma oposição fônica; em terceiro lugar, porque o jogador não sabe que ele joga, não sabe nem mesmo o que é jogar. Além do mais, o observador pretende poder reconstruir a regra através de simples análise baconiana (tabela de presença e de ausência) de uma conduta; isso mesmo que Wittgenstein considera impossível ou vão. Em suma, essa indução supõe que a regra – cuja existência a criança ignora, mesmo nos casos em que ela mesma a cria – é por ela obedecida de modo estritamente privado. Foi preciso todo o *savoir-faire* de Freud para localizar na criança uma obediência.

O passo dado por Lacan o afasta ainda mais de Wittgenstein. Embora *infans*, o jogador se descobre preso nas redes da linguagem. Mas, para admitir que a linguagem esteja aqui engajada, é preciso que a linguagem seja concebida precisamente como a linguística estrutural a concebia: um sistema tal que uma única diferença lhe é ao mesmo tempo necessária e suficiente. Sabe-se o que a oposição O/A opera aqui; sozinha, ela atesta o real da estrutura fonológica, mas pensar que isso seja suficiente para autorizar que se fale de estrutura linguística, somente Saussure e Jakobson têm autoridade para fazê-lo. Sem dúvida, Freud não o teria admitido; a seu ver, a linguagem pede as palavras. É por isso que ele precisa reconhecer os lexemas *fort* e *da* nisso que Lacan prefere considerar como fonemas. Porém, a diferença entre lexema e fonema é, nesse caso, crucial. Se se tratar de lexemas, o wittgensteiniano poderá sempre alegar um intermediário (público) que teria publicado a regra do jogo de linguagem que o fragmento pertinente da língua alemã traz: o par de palavras *fort* e *da*. Mas, se se tratar de fonemas, nenhum intermediário (a não ser o Outro, que justamente é a estrutura) pode publicar, como tal, a oposição pertinente das duas palavras.

Evidentemente, basta um pouco de sofisticação para fazer desaparecer todas as querelas. Assim, o lacaniano não terá dificuldade em mostrar que nada é propriamente privado, nem na linguagem, nem no inconsciente. O conceito de Outro (dito "grande Outro") permite isso facilmente. Mas, sejamos claros: um wittgensteiniano consequente não poderia admitir que o Outro basta para desprivatizar o foro íntimo. O ponto efetivo é este: a oposição privado/público é pertinente em Wittgenstein porque, precisamente, o único problema que ele considera real ao terminar o *Tractatus*, e isso por decisão explícita, é o problema do outro enquanto semelhante, ou seja, enquanto pequeno outro. Ao passo que o grande Outro, que não é crucialmente um semelhante, recusa, por sua simples existência, o par dual privado/público ao qual Wittgenstein pretende se limitar. Nesse sentido, talvez o lacaniano não diga que o inconsciente é uma linguagem privada, mas é para recusar que a palavra "privado" tenha aqui a menor significação. Mesmo aí, ele se autoriza a partir do que a linguística, embora reduzida ao seu núcleo mínimo, sustentava.

3. Que Lacan diga não ao mesmo tempo a Wittgenstein 1 e a Wittgenstein 2, isso quer dizer que ele diz não ao mesmo tempo ao que os distingue e ao que os une

O que os distingue: a doutrina da fronteira, para um, e a doutrina da linguagem privada, para o outro. O que os une: o silêncio. É preciso calar-se, diz o primeiro. Não há linguagem privada, diz o segundo; entendamos: ou não há mundo privado de forma alguma, ou todo mundo privado é mundo do silêncio; ora, há um mundo privado – a não ser que ele não mereça, talvez, ser considerado mundo – portanto, há silêncio. Isso desvenda uma suposição única: a de que o silêncio seja possível. Ora, o axioma de Lacan é que o silêncio não existe. Jamais isso se cala. Eis o que é preciso compreender no "isso fala". Eis o que é preciso ouvir nos *logia* freudianos, que Lacan aproxima: "a voz do Inconsciente é baixa, mas ela diz sempre a mesma coisa", "a voz da verdade é baixa, mas ela diz sempre a mesma coisa". Esse "sempre" e esse "mesma", oscilando entre *leitmotiv* e baixo contínuo, dizem ao mesmo tempo que isso retorna sempre ao mesmo lugar (repetição) e que jamais isso cessa (necessário e impossível). O silêncio não existe; isso pode se dizer inconsciente, isso pode se dizer verdade, isso pode se dizer estrutura, isso pode se dizer linguagem. Compreende-se, então, o que havia de singular na linguística ainda nascente nos anos 1950; ocupando-se do detalhe das línguas tal qual elas são, ela construía e abria um vasto repertório de sinônimos para o achado freudiano: isso fala mesmo quando isso se cala.

Para dizer dessa descoberta, talvez nenhum outro discurso pudesse bastar. Foi infinitamente feliz que esse encontro tenha acontecido, e não mensuraremos jamais o quanto ele era improvável. Até que a própria linguística atingisse seu ponto de insuficiência e que fosse necessário passar por outras vias. Inclusive a via taciturna; se o silêncio não existe, por que, eventualmente, não fechar a boca?

Sabe-se que Lacan escolheu, um dia, essa via taciturna. Eu mesmo perguntei: seria uma adesão a Wittgenstein? Talvez não. Talvez fosse justamente o contrário. Pois, em suma, que o silêncio seja impossível, isso coincide com o fato de que isso fala mesmo quando isso se cala. Já os linguistas afirmavam que suas regras mudas delineiam uma linguagem que fala de antemão (o *infans*, o surdo-mudo são seres falantes). Mas talvez outros indícios tenham algum dia parecido mais sólidos a Lacan. Impossível não articular a emergência em Lacan da máxima taciturna – taciturna, mas talvez não silenciosa, nem muda[11] – com a emergência de um "está escrito", a ser aproximado e oposto ao

---

[11] O linguista não pode deixar de notar as anfibologias. "Silêncio", em francês, pode designar o silêncio do ser falante, mas também aquele dos objetos não falantes: ausência de fala, mas também ausência de barulho. Ao passo que "calar-se", "taciturno", "mudo", "mudez" estão na dimensão da linguagem. Observaremos que é taciturno aquele que se cala, e ele poderia falar se quisesse; por outro lado, é mudo aquele que não pode falar, ainda que o desejasse.

"isso fala" do primeiro classicismo. Como se o logion decisivo não fosse nenhum dos dois, mas outro, em direção ao qual eles apontam: "isso não se cala jamais...". Que jamais isso se cale, seria isso – maldição ou felicidade – que, no final das contas, o nome *linguagem* estenografa. Lacan chegou a isso inicialmente pela via do isso fala, onde a linguística se revelou decisiva, unicamente por sua possibilidade, muito mais do que por seus teoremas próprios. Talvez Lacan tenha, algum dia, constatado que ele chegaria melhor a isso pela via do "está escrito", ao qual as Letras conduziam, e pela reflexão sobre os sexos. Daí alguns retornos ao ideograma e ao hieróglifo, na medida em que eles não mostram, mas dizem. Retorno à literatura, ou, antes, à sua imagem invertida nas águas, desenhando terras impossíveis: "Lituraterra". Daí algum retorno ao poema.[12] Mas, tanto em um caso quanto em outro, a frase cuja via era aberta pelo *isso* só podia se concluir no regime da linguagem, pois isso só existe nesse regime, quer se trate de um falar, quer se trate de um estar escrito. Talvez então seja preciso que eu me cale algumas vezes para fazer ouvir que isso não cessa de não se calar.

---

[12] Sobre todas essas questões ver: Seminário "Vers un signifiant nouveau". In: *Ornicar?* n. 17-18, 1979, p. 7-23.

A arte, a psicanálise, o século
Gérard Wajcman

Há fortes razões para se dizer que o século XX terá sido o século do objeto, ou dos objetos, plurais, múltiplos. Esse traço singulariza esse século com relação a todos os outros.

Uma questão se coloca: haveria, na massa anônima dos objetos do século – que o singulariza na sequência dos séculos – *um* objeto que se singularizaria? Haveria um objeto singular que singularizaria esse século dos objetos?

O objeto

Qual seria o objeto do século dos objetos?

Para responder a essa pergunta, poderíamos propor a análise dos objetos do século e fazer desfilar as mais surpreendentes criações. Mesmo sendo fastidioso, tal exercício não deixaria de ser interessante. Aliás, no fluxo sempre crescente dos objetos de todas as ordens, nessa cornucópia transbordante que é esse século, é sempre tentador eleger um objeto entre todos os outros e distinguir um objeto *Um* no oceano dos objetos nesses tempos da reprodutibilidade hiperbólica. Honrar um único objeto na massa indistinta do Mesmo. Assim, ao aplicar aos objetos industriais e comuns a lógica própria às obras de arte, os museus, como o Beaubourg, entregam-se, às vezes, a tal exercício e isolam uma batedeira ou uma colher de sopa, que nos são apresentados faustosamente instalados num estojo, como se, a cada vez, se tratasse da última estatueta de Michelangelo. Para tal escolha de objeto, uma vez esgotada a litania das razões sociológicas, que são sempre insuficientes, chega-se, finalmente, às razões estéticas e ao julgamento do gosto, que é sempre duvidoso. O próprio das obras de arte é, justamente, que elas pedem para serem tratadas no singular, uma a uma, e não juntas, numa produção homogênea; a unidade que opera na Arte é a obra, ao passo que a unidade da criação industrial é a série. Uma + uma + uma, as obras da Arte supõem e implicam uma lógica do não-todo, de um conjunto jamais finito. A Arte é não-toda, portanto, falar de arte em geral é invocar um conjunto não consistente constituído de objetos que têm em comum apenas o fato de ser, cada um deles, singularidades distinguíveis e distintas.

O problema do objeto no século parece, assim, ordenar-se segundo uma dialética do singular e do plural. A realidade moderna da produção industrial de massa superabundante revela o fato da multiplicidade fundamental do objeto, que é de sua natureza como objeto ser reprodutível, diverso e múltiplo. O objeto é essencialmente numeroso. Por um lado. Mas também tanto os objetos quanto as obras de arte exibem a profunda singularidade do objeto: ele é sem duplo, irreprodutível e irredutível a qualquer outro objeto ou a qualquer outra coisa que seja. O objeto é essencialmente único. Por outro lado.

Objeto diverso e único, reprodutível e irreprodutível, ao mesmo tempo. Essencial multiplicidade e unicidade do objeto. Mas não basta desvelar essas duas faces e erigi-las uma diante da outra; seria preciso ainda ver se elas não se cruzam, se os objetos múltiplos não recobrem o Objeto único e singular, e se o Objeto singular e único não está no princípio da pluralidade indefinida dos objetos.

Ruína

Suponhamos que fosse empreendida a enumeração minuciosa dos objetos extraordinários em busca daquele que marcaria esse século. Ao final dessa conta – passemos imediatamente ao essencial –, uma vez estabelecida a longa lista de todos os objetos novos e interessantes, produtos da ciência contemporânea e de suas técnicas, da imaginação e do gênio humano cairemos, finalmente e inevitavelmente, nisto: o objeto que melhor caracterizaria o século XX é a ruína.

Apesar de inesperado, a ruína é um objeto bem formado, conforme à compreensão comum que se tem do objeto – ocupar um lugar no espaço, ser produzido, ser acessível aos sentidos, etc. – ainda que, na prática, este se apresente como ligeiramente desestruturado. Quando se admite que o mundo humano jamais conheceu tal superprodução de destruições, dificilmente pode-se contestar que a ruína possui todos os títulos imediatamente à sua disposição para ser erigida como monumento do século XX. Construir uma ruína, nova, moderna, sob a forma de monumento, essa foi a ideia do arquiteto Albert Speer. Em todo caso, se houver sentido em nomear o século XX como "século do objeto", haverá, então, sentido em nomeá-lo exatamente como "século das ruínas".

O problema é que ao lhe atribuir esse título, imediatamente após termos dito que a ruína define esse século, nesse mesmo movimento, precisamente, esse enunciado historiciza o século, o generaliza, o compara e, na verdade, o dissolve na sequência dos séculos. Assim, não podemos sequer mais falar de forma consistente da ruína como sendo o objeto *do* século porque facilmente se admitirá que a ruína é fabricada desde os tempos mais remotos, e que, na verdade, ela existe desde que o homem é homem, exatamente desde o momento em que a memória passou a existir. A ruína é consubstancial ao homem como ser falante, consubstancial à sua faculdade de produzir e de contar a sua história. A ruína é, certamente, um objeto, mas não um objeto puro; é um objeto falante, é o objeto que fala, como Freud dizia das estatuetas antigas que ele colecionava: "As pedras falam! Elas me falam de países longínquos". A ruína é o objeto-porquanto-ele-fala, o objeto que se tornou tagarela, desgastado pela conversa banal, reduzido ao estado de traço, um signo. Nesse sentido, dizer que há ruína significa também dizer que há linguagem. E, reciprocamente, dizer que há linguagem já é anunciar a ruína.

Consequentemente tem-se um objeto especial, e consequentemente também, esse objeto especial impede que se singularize o século no conjunto dos séculos. Com a ruína em mente, não se pode dizer *o objeto do século* "num só fôlego", para falar como Jean-Claude Milner.[1]

Já que se trata de singularizar o século através de um objeto, é preciso, então, procurar um objeto que seja, como tal, não historicizável, isto é, que seja ao mesmo tempo absolutamente novo e singular, surgido especificamente nesse século e irreprodutível, incomparável e sem duplo.

A invenção

Jean-Luc Godard, a quem a questão de saber o que há de novo no século XX não é estranha, se pergunta, evidentemente, se essa novidade não foi o cinema.[2] Mas ele responde que não. O cinema é uma invenção do século XIX, e não somente do ponto de vista da cronologia; ele está ligado à grande indústria, às técnicas de reprodutibilidade[3] (não seria totalmente absurdo perguntar: e o divã?). De qualquer forma, se não é o cinema, Godard conclui que, pensando bem, há somente uma coisa que

---

[1] É sobre alguns de seus comentários orais e bastante perspicazes sobre *O Objeto do século* que apoio, aqui, minhas observações.

[2] Cf. *Jean-Luc Godard par Jean-Luc Godard*, t. II (publicação dirigida por Alain Bergala) Paris: *Cahiers du cinéma*, 1998, p. 307-308.

[3] O cinema, que é o irmão quase gêmeo da psicanálise, visto que os dois nasceram em 1895, é uma arte do capitalismo industrial; considerando o fato de que os primeiros filmes dos irmãos Lumière mostravam uma saída de fábrica ou uma locomotiva (a Máquina maiúscula), digo a mim mesmo que a palavra mestra do cinema: *"Ça tourne!* (rodando!) era, no fundo, absolutamente conforme à palavra de ordem do Mestre moderno, formulada recentemente por que Jacques-Alain Miller: *Faut que ça tourne!* (É preciso que isso gire!) - Discurso do mestre que condiciona toda reflexão sobre o sintoma: como aquilo que não anda, que emperra.

pode ser considerada verdadeiramente como a grande invenção do século XX: o massacre de massa. Eis o fato.

Mas, ainda assim, se dirá imediatamente que, por um lado, o massacre de massa já era conhecido, não tanto de massa, talvez, mas massacre assim mesmo, e também que isso pode perfeitamente se reproduzir novamente da mesma maneira. É, aliás, o que há de mais provável.

Portanto, apesar da carnificina que foi a guerra de 1914, na qual o século foi batizado, ou da bomba atômica, tecnologia verdadeiramente revolucionária, ou de Ruanda, ou de Stalin, ou de Kosovo, ou da guerra Iran-Iraque, ou etc., não se pode dizer exatamente que o massacre de massa enquanto tal marca o século XX.

A verdadeira invenção é a shoah.

Sem dúvida, ela é também um massacre de massa e, apesar de sua amplitude, destruição por destruição, poder-se-ia afirmar que é a mesma coisa. Acontece que não é a mesma coisa.

Direi um pouco em que e sobre o que incidem os impasses e por que isso importa para o pensamento. Direi também o que a arte e a psicanálise vêm fazer aí.

Nomeação

Relativamente à shoah, um aspecto ao qual não se pensa na maior parte do tempo deve, justamente, ser dito sem demora. Convém estar atento ao fato de que se falo da shoah – como se diz geralmente hoje em dia –, quando emprego a palavra "shoah" para designar o que aconteceu há cinquenta anos, eu já implico um objeto, uma obra de arte, especificada, um filme, o filme *Shoah*, de Claude Lanzmann.

Esse filme importa pelo que é, pelo que mostra e porque, ao se nomear, ele nomeia.

Todo aquele que se refere à shoah, refere-se, querendo ou não, ao filme *Shoah* – em primeiro lugar, por causa do nome. É preciso, contudo, estar atento ao fato de que a generalização do emprego do nome "shoah" – que substitui *genocídio* ou *holocausto* (nome religioso que traz a ideia de um sacrifício feito a certos deuses obscuros e que foi, aliás, muito popularizado por uma série de televisão americana) – coincide com a estreia do filme, em 1985. Não se trata, nesse caso, de uma simples peripécia de língua; visto que esse nome, como todo nome próprio, é translinguístico, ele se impôs pelo mundo conforme a difusão do filme de país em país.

Trata-se de nomeação.

No frontispício do livro, que reproduz o texto integral do filme, Claude Lanzmann inscreveu esta frase tirada de Isaías, 56,5: *E eu lhes darei um nome imperecível.*[4] Esse filme realiza um ato. No lugar de uma interpretação que ele não dá e contra toda explicação que atenue o fato, esse filme, antes de qualquer coisa, realiza um ato, dá um nome. Ele nomeia *Shoah* o que aconteceu na Europa há cinquenta anos. O Nome. Nomeação pura. Lanzmann diz, aliás, ter escolhido essa palavra por não compreender o seu sentido – é, aliás, bastante verossímil que a maioria daqueles que hoje a empregam desconheçam o seu sentido, o que confirma que ela funciona como nome próprio. Ainda que ela pudesse ter sido empregada antes, como outras palavras, a propósito da "solução final" – essa palavra hebraica, não religiosa, significa *catástrofe*, *aniquilamento*, *devastação* –, ao designar a destruição dos judeus o nome "shoah" fez acontecimento com o filme *Shoah*. Claude Lanzmann diz que, às vezes, as pessoas lhe chegavam dizendo: "Ah, é você o autor de shoah!" Ao que ele respondia: "Não, o autor da shoah é Hitler, eu sou o autor de *Shoah*".

Shoah é doravante o nome imperecível do inominável que forma as entranhas do século XX.

É preciso ir mais além. Em suma, é preciso ir do nome ao objeto. Ou seja: digo que chamo shoah isso que mostra o filme *Shoah*; digo que convém, hoje, nomear shoah isso que mostra uma obra de arte chamada *Shoah* – e não, por exemplo, o que mostram *Nuit et brouillard*, de Resnais, o que George Stevens, entrando com o exército americano filmou em Auschwitz e

---

[4] LANZMANN, Claude. *Shoah*. Paris: Gallimard (Folio), 1985. p. 15.

em Ravensbrück ou *A lista de Schindler*, de Spielberg. Esse é um desafio cujos limites poderiam ser circunscritos assim: (1) em que medida uma obra de arte mostra verdadeiramente; (2) em que medida uma obra de arte ocupa uma função maior de transmissão.

Bem se pode dizer que, nesse sentido, o filme de Lanzmann não é um documento sobre a shoah, no sentido em que se pode fazer um filme sobre um fato passado. Ao nomear, ao mostrar e ao nomear o que ele mostra, ele é constituinte do fato. Esse filme é um ato fundador.

Nesse sentido, sem ainda nos determos sobre a singularidade que liga a shoah a essa obra, é possível dizer que o filme de Lanzmann eleva ao mais alto grau a dimensão que define a obra de arte para Walter Benjamin e que consiste, precisamente, em não estar inserida num tempo que a encerra e lhe dá sentido, mas engendrar, ela própria, um presente, um passado e um futuro. Abandonando a ideia rasa do artista como testemunha de seu tempo, trata-se de pensar que a obra de arte instaura o seu Tempo.

Isso inscreve, portanto, a orientação que pretendo seguir. Defendo que a questão da shoah como singularidade do século implica imediatamente e fundamentalmente uma obra de arte, tal como o filme de Lanzmann,[5] e que a singularidade da shoah é aquela mesma que se pode atribuir ao filme *Shoah*.

---

[5] Eu gostaria de observar que, aquém do caráter crucial do que está em jogo, isso supõe uma concepção geral da obra de arte como instrumento de conhecimento e mesmo como modelo de conhecimento, na medida em que ela supõe que o universal não se revela senão no singular e que a verdade não surge senão em um objeto. É a obra de arte concebida como uma espécie de arquétipo da verdade, na medida em que esta última se dá somente em obras singulares, ou seja, em obras múltiplas e não totalizáveis. É um pouco como o que diz Proust em *O tempo reencontrado*, isto é, que Rembrandt ou Vermeer nos dão acesso ao mundo, eles são multiplicadores de mundos, e que há tantos mundos à nossa disposição quanto artistas originais. Por isso, esse conhecimento estético supõe que a verdade se dê em uma descontinuidade original, essencial, o que veicula a ideia de uma verdade não-toda; a ideia de uma verdade que se dá a ver, não em uma

Irrepresentável

Ora, com que traços singulares se pode agora revestir esse objeto singular que singulariza o século? O primeiro traço é singular para um objeto, visto que ele é fundamentalmente sem imagens e sem palavras, sem rastros – sem ruínas. Irrepresentável. É exatamente isso que mostra o filme de Claude Lanzmann – o que, independentemente de suas qualidades e do papel que seus filmes puderam, a diversos títulos, representar, nem Resnais nem Stevens mostram. Este último filmou os ossuários expostos ao entrar em Auschwitz: mas esses mortos não eram aqueles das câmaras de gás, a grande indústria nazista não produz ossuários, mas cinzas, nada de visível. Ela fabricava ausência. Irrepresentável.

Fato irrepresentável, não poderíamos ver nada do que constitui o seu o cerne; fato também "inexprimível", para retomar um termo de Wittgenstein, a quem voltaremos. O que aconteceu não pode ser representado nem dito.

Esse impossível fixa a exigência íntima que anima inteiramente o filme de Lanzmann: mostrar e dizer o que não pode ser visto nem dito – visar o impossível enquanto impossível.

A shoah não poderia ser objeto de nenhuma transposição, nada pode representá-la em si mesma porque não há nada para ser representado (sobre esse impossível, Spielberg colocará justamente imagens). É o que mostra *Shoah*, que, longe de criar uma lei sabe-se lá de que interdição da representação, estabelece um imperativo ao qual Claude Lanzmann se dedicou com rigor e intransigência, qual seja: "olhar de frente" – olhar de frente o que nenhum vivo nunca viu e que é irrepresentável. Eis o que orienta o filme.

---

obra, como se se tratasse de uma retirada de véu sobre um mistério, mas de uma verdade que se revela desvelando o mistério. A verdade como revelação. Cada obra de arte seria, nesse sentido, uma espécie de epifania, mas uma epifania do não-todo. Epifania não-toda do não-todo da verdade. A isso se acrescenta a dimensão de um paradoxo temporal em que, na obra de arte, o tempo se abre na dupla dimensão do novo absoluto e do imemorial. Assim, todo aparecimento de verdade se dá, ao mesmo tempo, na experiência da descoberta e do reconhecimento.

Por essa razão, segundo a via rigorosa e singular que lhe é imposta por seu objeto singular, esse filme parece realizar exatamente a função que Lacan destina à arte: "isso a que o artista nos dá acesso, é o lugar do que não poderia ser visto"[6] –, o que atribui à arte uma espécie de tarefa específica essencial, diversa quanto às formas que ela pode tomar segundo a época, as doutrinas e os artistas, da qual nada nem ninguém, práticas ou discursos, ciências ou filosofias, poderia realizar em nosso mundo humano além dela: dar acesso ao que não poderia ser visto.

Imemorial

A shoah é um acontecimento que não pode ser visto, que não pode ser visto como outro acontecimento qualquer; tampouco pode ser dito como outro acontecimento qualquer. Inicialmente, por causa da ausência efetiva de qualquer documento e imagem, ausência de arquivos sobre os quais se funda normalmente o trabalho dos historiadores. Mas é preciso estar atento ao fato de que essa ausência nada tem de fortuito e que ela foi totalmente deliberada; assim como organizaram o crime, os nazistas se preocuparam com a história e velaram, com extremo cuidado, para não deixar escapar nada que pudesse deixar rastro: nem documentos, nem fotografias, nem ruínas. Evidentemente, eles não foram totalmente bem-sucedidos; porém, é preciso pensar que ordens foram dadas para que se queimassem certos edifícios de Auschwitz algumas horas apenas antes da chegada das tropas russas. Nesse primeiro sentido, o acontecimento escapa parcialmente à história e permanece não historicizável integralmente.

A unicidade da shoah não procede simplesmente da amplitude do crime, de sua sistematicidade e do número sobre-humano de mortos que o torna inigualável; sua unicidade se liga a um fato cuja profundidade e consequências começam apenas a ser mensuradas: os nazistas fabricaram contra os judeus

---

[6] LACAN, Jacques. Maurice Merleau-Ponty. In: *Les temps modernes*, n. 184-185. Paris: Julliard, 1961, p. 254.

um crime imenso, como se fosse, desde sempre e para sempre, arrancado das páginas da história, fora do século e da narrativa dos séculos, fora de toda representação e de toda memória possíveis. Erradicar os judeus não somente da face da terra, mas também da história, da memória, do passado e do presente, criar uma humanidade ariana, virgem de qualquer judeu e até da própria lembrança de qualquer judeu.

Irrepresentável e imemorial. Trata-se de um ato que buscava não somente se dissimular, como no caso de qualquer outro crime, mas anular-se a si próprio como ato, numa espécie de projeto preparado para forcluí-lo de toda memória possível. É o que concentra o pequeno discurso de acolhimento feito por um oficial durante a chegada dos deportados judeus ao campo, discurso que foi reportado por Primo Levi: "Qualquer que seja a maneira pela qual essa guerra termine, nós já a ganhamos; nenhum de vocês ficará para dar testemunho e, ainda que alguns escapem, o mundo não lhes dará crédito. Haverá talvez suspeitas, discussões, pesquisas feitas por historiadores, mas não haverá certezas, porque nós destruiremos as provas ao destruir vocês. Ainda que subsistam algumas provas e que alguns de vocês sobrevivam, as pessoas dirão que os fatos que vocês contam são monstruosos demais para serem acreditados". Negação da própria função de Testemunha.

Um acontecimento fora do tempo, fora do mundo, fora de qualquer lembrança possível, fora até mesmo das mentes. Fora da cena. Sem rastro em lugar algum. É nesse ponto que Pierre Vidal-Naquet situa a diferença, não de grau, mas, "de natureza", entre os assassinatos coletivos, como aqueles cometidos pela URSS, e as câmaras de gás: estas não foram apenas um instrumento industrial de morte em série, "o essencial, escreve ele, é a negação do crime no interior do próprio crime".[7] Por isso, a "solução final" foi um crime produzido como incomensurável e incomparável a qualquer outro crime, não por sua enormidade,

---

[7] VIDAL-NAQUET, Pierre. L'épreuve de l'historien: réflexions d'un généraliste. In: *Au sujet de la Shoah*. Paris: Belin, 1990. p. 205.

mas por ter sido concebido e realizado como incomparável e incomensurável – era da natureza da "solução final" ser um crime definitivo e absoluto, que visava definitivamente e absolutamente "a questão judaica" – a "solução" foi dada a seis milhões de "questões". "Negação do crime no interior do próprio crime": esse traço distingue absolutamente a shoah.

Se o cerne do século XX não é assimilado à história do século XX, é também porque, na realidade, ele excede toda razão. O que não quer dizer que não haja um encadeamento de causas calculáveis, mas simplesmente porque o que nomeamos shoah é irredutível a tal encadeamento – como uma lógica de guerra. Nesse sentido, vale destacar, por exemplo, que a deportação dos judeus húngaros (eles formaram mais de um terço do número total de mortos da shoah) aconteceu bastante tardiamente, em 1944, e que todos os meios foram escrupulosamente disponibilizados para o seu transporte e seu extermínio nos campos, ao passo que o Reich estava em estado de derrota militar. Isso vem atestar o quanto a "guerra contra os judeus" é profundamente desvinculada *da* Guerra, de seu curso, de seus objetivos e de sua lógica; uma é mais ou menos sem relação com a outra – a "solução final" não é, em sentido algum, um "crime de guerra"; ela é, muito mais, "um crime de paz" no meio da guerra,[8] segundo a expressão de Jean-Claude Milner.

Causa

O conhecimento cada vez mais aprofundado que temos da história da shoah conduz, sempre mais, a dissociar esse fato de toda causalidade histórica, psicológica ou outra (o saber analítico revela-se, aqui, tão impotente quanto os outros). Trata-se de um fato puro. Assim, é preciso dar lugar ao que é menos uma ideia que um fato irredutível, a saber, que nada poderia explicar esse crime, estimar a sua dimensão e tirar dele todas as consequências. O ponto é o seguinte: a shoah é para si mesma

---

[8] Cf. MILNER, Jean-Claude. Les dénis. In: *Paroles à la bouche du présent*. Marseille: Al Dante, 1997. p. 73-83.

uma causa, a sua causa. A shoah é uma causa no século, ela é, de agora em diante, "um real que faz o horizonte do sujeito contemporâneo".[9] Eis o ponto.

Não se trata de impotência, mas de impossibilidade do pensamento. Isso pede outra orientação do pensamento, diferente do recuo e do silêncio. Isso requer, ao contrário, que pensamento reflita ainda mais, porque, como dizia Jankélévitch, esse crime insondável exige uma reflexão inesgotável, e extinguir todo pensamento seria entregar as armas aos próprios nazistas. Resta que o caderno de encargos é extremamente seletivo, uma vez que, com a shoah, um apelo é lançado para que se dê lugar a um impensável no cerne do próprio pensamento. Parece-me que somente Lacan fez desse quebra-cabeça uma causa para a psicanálise, somente ele – e alguns artistas – tentou verdadeiramente resolvê-lo.

Por hora, gostaria de enfatizar que a impossibilidade de explicar até o fim, de resolver o "porquê", leva à exigência de se interessar pelo "como", de esclarecer a organização do crime em todos os seus aspectos e nos mais ínfimos detalhes e de dizer apenas isto: aquilo aconteceu. Exigência de repeti-lo incessantemente, pois, em certo sentido, o que parece mais possível de ser dito sobre a shoah é justamente: "Isso aconteceu". O que dá às testemunhas uma função essencial e faz da transmissão do testemunho uma questão essencial. Importância da Testemunha, do ao-menos-um que diz e poderá dizer ainda, amanhã, mais tarde: "Aquilo aconteceu". Se a voz da Testemunha cessar, é a verdade que, com ela, cairá no silêncio.

Mostrar

Farei ainda duas observações para cernir melhor a questão. Por um lado, o ponto irredutível a toda interpretação, a toda explicação, a toda lógica, esse real fora da razão, pode ser designado precisamente assim: são as câmaras de gás, e não

---

[9] DEPELSENAIRE, Yves. La psychanalyse et la *Shoah*, In: *Zigzag*, n. 8, maio 1998, p. 72.

"os campos" ou outra coisa qualquer; importa hoje também falar justo e nomear "as câmaras de gás", e não simplesmente "os campos" ou outra coisa qualquer. As câmaras de gás são o ponto exato do inominável e do irrepresentável: este é o lugar da shoah. Por outro lado, o que mostra o filme de Lanzmann é exatamente o inominável e o irrepresentável das câmaras de gás.

Porque é preciso que isso seja mostrado.

Acontecimento imemorial, concebido e realizado fora da história, sem testemunha, sem imagem, apagado logo de saída, ato que não adveio no instante mesmo em que era cometido e cujo horror excede o que se pode ver e dizer. Irrepresentável, ele não cessa de não se escrever.

Aqui entra a arte.

Quadro

Se a arte tem a tarefa de mostrar o que não se poderia ver, é possível, então, considerar que, do coração do trágico da shoah, surge um problema que pode ser qualificado ao mesmo tempo de estético e ético.

Em primeiro lugar, isso coloca uma questão sobre a relação entre um fato histórico e a história da representação. Direi apenas uma palavra sobre isso. Penso particularmente nesse aspecto muito pouco examinado que é a ideia renascentista, sobretudo albertiana, do quadro como janela. Vale precisar que em seu tratado de pintura *De Pictura*, de 1435 – tratado considerável, fundador da perspectiva geométrica –, Alberti fala do quadro como janela aberta sobre o que ele chama a *historia* (geralmente negligenciamos esse traço ou então o salientamos sem esclarecê-lo, unicamente para enfatizar um suposto contrassenso que faríamos ao falarmos mais naturalmente do quadro como janela aberta "sobre o mundo"). A *historia* é um conceito maior do *De Pictura* de Alberti. Não se trata exatamente de história ou de narrativa tampouco do tema do quadro; trata-se, em certo sentido, como diz Jean-Louis Schefer, que traduziu o *Tratado* de Alberti, do "objeto mesmo da pintura", o que poderíamos definir como "o que pode ser objeto de uma narração ou de uma descrição" [10].

Eu gostaria de enfatizar que o que Alberti nomeia "quadro", essa janela, com sua função de recorte, de enquadre, não é somente sobre a *historia* que ela se abre; na realidade, ela é o que permite simplesmente que haja *historia*. A janela é a condição para que haja alguma coisa que possa ser contada e descrita. Em outras palavras, o quadro albertiano, o quadro perspectivo que faz do mundo uma cena, uma caixa perspectiva, procede à instauração do que pode ser narrado e descrito quanto ao que se passa na cena do mundo, ele é a condição da história. A janela aberta sobre a *historia* é uma janela que delimita o tempo, ela constitui alguma coisa como "o episódio", uma unidade elementar da história. Assim como Lacan podia falar da janela da fantasia, haveria sentido em se falar da janela da história. A história supõe a instauração de um enquadre, ela supõe um teatro do mundo; tal cena e tal enquadre são necessários para que haja história, para que alguma coisa que acontece na cena do mundo possa ser representada, para que o mundo seja o lugar de uma história.

Desse ponto de vista, a Anunciação, cujo tema é privilegiado pelo Renascimento italiano, que lhe deu uma representação múltipla e constante, torna-se o tema homogêneo, quase isomorfo ao quadro como tal.[11] O episódio do relato dos Evangelhos que, segundo a expressão de São Bernardino de Sena, célebre exortador do Renascimento, marca a entrada do invisível no visível e da eternidade no tempo, conta também o nascimento da história, da história cristã que, na Encarnação, no corpo humano do Cristo, liga o que pode ser dito e visto a uma religião que passa a privilegiar a imagem. A história cristã, fundada na Paixão, supõe e traz consigo uma paixão pela imagem.

É certo que o cristianismo fixou as condições e a necessidade da Imagem – o que foi determinante para toda a história

---

[10] ALBERTI. *De Pictura*. Paris: Éditions Macula, 1992. p. 115 (nota).

[11] Remeto à leitura do importante livro que Daniel Arasse acaba de publicar sobre esse tema: *L'Annonciation italienne*. Vanves: Hazan, 1999.

da pintura ocidental – porém, constatamos que o quadro coloca um pequeno problema nesse final de século XX, uma vez que o que marca esses tempos é o fato de alguma coisa irrepresentável ter acontecido, alguma coisa que não é da ordem da encarnação. Como, então, fazer quadro do que é sem imagem, do que não pode ser contado nem descrito? Um ponto que é como um vazio da história e que não faria *história*.

Malevitch

A pintura abstrata, por exemplo, propôs, no início do século, uma via de resposta para certo irrepresentável. Observamos, imediatamente, nas vanguardas da modernidade, o ponto que é diretamente criticado pela abstração: se o quadro permanece, trata-se, por exemplo, em Malevitch, de fazer um quadro de nada, o que vem de uma só vez tirar a pintura da imagem e do sentido, o que já era de certa forma uma tentativa de fazer quadro do que não pode ser contado nem descrito. Paradoxo de uma pintura abstrata que faz quadro de um fora da história (aliás, algumas pessoas pensarão justamente que não pode haver pintura senão figurativa), o que não significa, de forma alguma, como querem fazer acreditar hoje em dia, que ao se distanciar do visível, ela se afasta do real; ao contrário, a pintura visa o real em seu cerne. É muito curioso que alguns tenham podido pensar que a tendência fundamental da arte do século – por ela se distanciar da figura na abstração, mas já no impressionismo e em outras formas – era de se afastar da realidade, no sentido de lhe virar as costas. Eu tenderia a pensar que, longe de lhe virar as costas, todo esse movimento da arte que tende a se liberar do imaginário (e, portanto, da beleza, dos atrativos do visível também) poderia ser qualificado de "Retorno ao real". A ideia é que a modernidade é, já de saída, marcada por uma perda de imagem, por uma deflação imaginária, do sentido e da imagem (na arte, porque o que é ligado, ela explode e faz escorrer por todos os lugares, principalmente na televisão). Se for possível considerar originalmente Manet ou Cézanne como os grandes artistas da deflação, aqueles que consumaram a perda do sentido em pintura ao colocar um fim no reino milenar da imagem simbólica, eu colocaria Freud e a psicanálise entre esses iniciadores da deflação imaginária.

É por todas essas razões que destaco especialmente a obra inaugural de Malevitch e aquela de Duchamp, o *Quadrado negro sobre fundo branco* e a *Roda de bicicleta*. Não somente essas duas obras, que são contemporâneas, marcam inteiramente o século por terem nascido em seu início histórico, não somente elas o marcam trazendo elementos teóricos que merecem ser debatidos, mas, de saída, o problema de sua reprodutibilidade se coloca. A roda de bicicleta é aparentemente reprodutível, quase por definição; quanto ao *Quadrado negro sobre fundo branco*, o próprio Malevitch o reproduziu, e dele se tem várias versões. Ora, por um lado, Malevitch nunca o reproduziu, de forma idêntica, há diferenças visíveis entre os vários quadros, mas, além disso, ele levou as coisas muito longe, chegando a colocar uma espécie de problema que não escapou a um espírito perspicaz e advertido como o de Denys Riout, autor de um bonito livro sobre o monocromo. É que, se os diversos *Quadrado negro sobre fundo branco* pintados por Malevitch, grosso modo, se parecem, entre o primeiro, de 1915, que está na Galeria Tretiakov de Moscou, e aquele de 1924, que se encontra em São Petersburgo, se introduz uma diferença insidiosa, porém radical, de natureza. Malevitch disse do *Quadrado negro* de 1924, que ele era a "reprodução" do quadro de 1915, do *Quadrado negro sobre fundo branco* de 1915, o que significa, portanto, que o quadro de 1924 não é um quadro totalmente abstrato, mas totalmente figurativo: ele representa um quadro representando um quadrado negro sobre um fundo branco... Ele responde, portanto, perfeitamente, ao requisito da mímesis ao constituir o duplo, a imagem de um quadro que se apresenta, ele próprio, precisamente, como sem imagem e sem objeto...

Desse quadro de 1915 – "praticamente nada mais que um quadrado negro sobre fundo branco" – Malevitch dizia:

"Não foi um simples quadrado vazio que eu expus, mas sim a experiência da ausência de objeto".[12]

Em certo sentido, o empreendimento de Malevitch consiste no projeto de fazer quadro da ausência de objeto – trata-se de se aproximar disso, uma vez que isso significa produzir um objeto que viria, no final das contas, presentificar a própria ausência do objeto.

Mas nisso, e nisso apenas, não se pode mais dizer desse quadro que ele é sem nada. Não se trata de se fazer de esperto, de trapacear afirmando que não há nada porque há pintura por cima. O jogo é mais sério e cerrado. Um meandro fino, essencial e de grande consequência. Esse quadro não é um quadro sem nada, mas um quadro *com* o nada. Não é um quadro do qual estaria ausente qualquer objeto, mas um quadro em que é a própria ausência que é pintada.

Pintar a ausência é o projeto deliberado do pintor. O *Quadrado negro* é uma ausência de objeto "encarnada". Ele *é* essa ausência. Dessa forma, esse quadro dá acesso a uma ontologia negativa, ontologia da ausência e da falta.

A ausência, nesse caso, não deve ser entendida como "tema" do quadro, como se o quadrado negro fosse uma imagem ou um símbolo colocado ali para figurar, assinalar ou significar a ausência. O quadrado é pintura, ele está ali, como diz Malevitch, para confrontar a "experiência da ausência". Ele não é, portanto, um símbolo, ele não é exatamente uma imagem, ele é uma ausência: real, opaca, espessa, "palpável". Malevitch dá forma à ausência. A ausência de objeto como tal. A ausência pintada. A pintura dá espessura à ausência. É surpreendente observar, aqui, a proximidade dessa questão em Malevitch com os quadros trançados de Rouan pelos quais Lacan se interessou, e que, segundo a expressão de Hubert Damisch, são quadros que exibem o paradoxo da espessura do plano.

Malevitch não pinta nada, ele pinta *o* nada. Nem imagem, nem símbolo, o nada representa, aqui, a si próprio, em

---

[12] Citado por Alfred H. Barr. In: *Cubism an Abstract Art*. New York: Arno Press, 1966. p. 122-123.

pessoa, materialmente, em objeto. Objeto certamente sutil, mas objeto assim mesmo.

Por que não dizer que a ausência é, em Malevitch, estritamente, o "objeto" pintado? Não representado, mas simplesmente pintado. Uma "presenti-ficação" da ausência, para retomar a noção de Jean-Pierre Vernant que descreve assim as *xoana*, ídolos gregos arcaicos, sem forma e sem imagem, pedaços informes de madeira capazes de "evocar a ausência na presença, o alhures no que está sob os olhos".[13] *Quadrado negro sobre fundo branco* seria uma espécie de *xoanon*, "que estabelece com o além, um contato real" – claro está que, na versão materialista, o além não significa nada mais do que a coisa mais real, a mais pesada e a mais certa que seja e que é a ausência.

O *Quadrado negro* é um objeto que opera uma presentificação da falta de objeto. Eis a dobra.

Nesse sentido, parece-me que o quadro de Malevitch constitui a versão moderna do quadro segundo Alberti. O quadro de Malevitch seria, por sua vez, uma espécie de janela aberta para olhar a ausência de objeto e, com isso, a ausência de história.[14]

Falei da deflação imaginária como o que marcaria a modernidade. Tirar o objeto da imagem, extrair o objeto de toda relação de duplo, penso que é a isso que a arte do século XX se dedicou e que é a isso que ela ainda se consagra. Nesse sentido, parece-me, essa arte é contemporânea de Lacan. Nesse

---

[13] VERNANT, J.-P. De la présentification de l'invisible à l'imitation des apparences. In: *Image et signification*. Paris: La Documentation française, 1983.

[14] Sobre esse ponto, eu seria bastante benjaminiano. Preocupado com a questão da relação das obras de arte com a realidade histórica, Benjamin conclui que não há história da arte e que a obra de arte é essencialmente a-histórica. "Nesse sentido, diz ele, as obras de arte se parecem com os sistemas filosóficos [...]. A historicidade específica das obras de arte não se manifesta na "história da arte", mas em sua interpretação. Esta faz aparecer entre as obras correlações que, embora subtraídas ao tempo, não deixam de ter pertinência histórica". (W. Benjamin, Lettre, 1923, citado por Stéphane Mosès. *L'Ange de l'histoire*. Paris: Seuil, 1992. p. 123. Walter Benjamin estava, naquele momento, escrevendo *Origem do drama barroco alemão*).

sentido também, o objeto *a* de Lacan é contemporâneo dessa arte do século XX, que se singulariza ao fixar o objeto como singularidade absoluta, sem duplo e sem imagem.

Podemos, então, mensurar a amplitude que tomam essas questões na arte de hoje, se admitirmos o fato de que, querendo ou não, a shoah afetou o fundamento da ordem da representação ao constituir, em qualquer grau que seja, uma espécie de referente último de tudo o que se produz atualmente no campo do visível. Assim, seria preciso dizer que o referente último de toda representação e de todas as imagens é, hoje, a ausência de imagem da shoah.

A pergunta seria esta: o que mostra de nosso mundo uma arte que passa seu tempo implodindo a imagem?

Wittgenstein

Segundo a teoria albertiana, seria preciso afirmar unicamente que, como a shoah não faz história, ela não faz quadro. Consequentemente, toda tentação ou tentativa de representar o cerne da shoah, de qualquer forma que seja é, ao contrário, uma tentativa de fazer quadro da shoah, uma tentação de historicizá-la, bem se pode dizer, uma maneira de distanciá-la, de reduzi-la, de dissolvê-la. Podemos compreender que, na segunda metade do século XX, tempo em que todo o visível passa a se ordenar a partir de um referente irrepresentável, o quadro possa revelar-se uma forma problemática. Se o desafio para pintores – como François Rouan, por exemplo – pode ser, pelas próprias vias da pintura, fazer quadro do que não poderia fazer quadro, não devemos nos surpreender com o fato de a arte contemporânea seguir as diferentes vias que, frequentemente, procuram emancipar-se da forma quadro.

Haveria, no fundo, dois princípios opostos a partir dos quais se poderia distribuir e ordenar toda a história da arte. Segundo Alberti e segundo Wittgenstein. Por um lado, a definição albertiana do quadro como janela aberta sobre a *historia* enuncia uma equação essencial, fundamental, que regula uma ordem possível da representação: tudo o que pode ser dito pode ser visto, e reciprocamente. Nesse caso, visível e dizível coincidem. Consequentemente, se considerarmos o que anima nossos tempos modernos, poderíamos dizer que coube a Wittgenstein expressar a fórmula que equivale àquela de Alberti (como ambas são historicamente datadas, uma do século XX, a outra do *Quattrocento*, é natural que as suas extensões sejam universais e que, por exemplo, a ideia de uma superposição entre o que se vê e o que se diz, ainda anime toda uma parte da produção artística atual), ou seja, a proposição 6.522 do *Tractatus*, à qual já fiz alusão indiretamente: "Há, certamente, o inexprimível. Isso *se mostra*".[15]

Cruzamento do *que pode ser dito* com o *que se vê* e do *impossível de ser dito* com o *que se mostra*, onde, termo a termo, vêm se opor o possível e o impossível de ser dito, o que se vê e o que se mostra.

Observo que, com base na proposição wittgensteiniana que enuncia, em suma, que o que não pode ser dito reaparece em outro lugar, poder-se-ia propor diretamente uma fórmula do tipo: o que não é absorvido pela linguagem retorna no visível, uma espécie de aproximação da alucinação visual (o que não quer dizer visível).

Daí, duas coisas se distinguem: (1) o destino do "inexprimível" da shoah é, portanto, necessariamente, retornar no visível e vir "assombrar" esse visível com uma presença fantasmal; (2) isso vem atribuir à arte uma tarefa imperativa: ser o lugar onde o que não poderia ser dito nem visto vem se mostrar. A partir de então, longe de ter que questionar a possibilidade da arte após Auschwitz, como o fez outrora Adorno (na época, com certa razão), seria preciso, ao contrário, considerar a dimensão de algo como a necessidade da arte após Auschwitz – a arte não como o lugar de uma consolação, de um esquecimento ou de uma traição, mas como o lugar em que o irrepresentável viria se mostrar.

---

[15] WITTGENSTEIN, Ludwig. *Tractatus logico-philosophicus*. Paris: Gallimard, 1961. p. 15.

Assim, por exemplo, quando Walter De Maria faz um buraco de trezentos metros numa colina em Munique, essa obra de arte um pouco bizarra com relação ao que se entende tradicionalmente por "obra de arte", é uma obra não somente do século XX (isso não é muito complicado de ser sustentado), mas que, em certo sentido, mostra o século XX, um pedacinho do século XX, o seu coração ausente. Isso diz respeito, em certo sentido, a toda a arte do século XX porque, em certo sentido, toda essa arte tende à singularidade absoluta, tende a produzir obras irreprodutíveis, sem duplo, sem imagem. *Unicum*.

É fato que a história da arte desse século gira em torno do buraco da história desse século, que a aspira e a anima. Em suas correntes profundas, a arte parece arrastada por essa depressão central, uma falta-a-ver que transforma todo o campo do visível.

Olhar

Então, duas coisas. Primeiro, toda tentativa de historicizar a shoah é estritamente um empreendimento de extinção da shoah. Ao contrário do que pensam os que acreditam em tal iniciativa, historicizar a shoah é correr o risco de tirá-la da memória e da história dos sujeitos, porque esse fato é um fato fora da história. Assim, poder-se-ia dizer que a shoah requer memória e testemunhas, não para que estas a escrevam, mas precisamente porque isso não cessa de não se escrever.

A segunda coisa que aí se associa, é que essa historicização procede da representação. Fazer uma ficção de imagens, um filme sobre a shoah, como Benigni ou Spielberg, historiciza a shoah. Tais filmes instalam a shoah num antes e num depois, o que supõe a distância, o afastamento, o "e a vida continua..." (ao passo que o filme de Lanzmann se sustenta no presente e instala no presente o presente imemorial da shoah). Isso se esquece e isso engana, porque toda imagem mitiga o horror. Em outras palavras, isso dá uma imagem, dá uma forma ao que está mais além de toda imagem, ao que foi desejado sem imagem, ao que foi concebido deliberadamente contra a imagem, um atentado contra a figura humana. Nesse sentido, o problema colocado pelo fato de se fazer um filme, uma ficção sobre Auschwitz, que mostra Auschwitz, não é esse de se cometer um ato profanatório; o problema é inicialmente que isso "humaniza" o horror e que, na realidade, trabalha-se assim, em perfeita inocência, para fazer Auschwitz entrar no patrimônio cultural da humanidade. Abjeção. Por outro lado, tal empreendimento vai simplesmente na contramão do efeito procurado: quando que se acredita que as câmaras de gás são finalmente mostradas, permitindo, assim, "sensibilizar" as pessoas e refrescar sua memória, na realidade, a imagem dissimula e faz esquecer. Pretendendo transportar a lembrança, toda representação faz também cair a cortina, ela é o lugar de um eterno adeus ao que foi. Assim caminha a história. Um filme sobre os campos é uma autorização dada para se esquecer. Nesse sentido, a história é consentimento social ao esquecimento, o que leva à repetição do derrisório *"Isso nunca mais"!* como uma fórmula mágica. Memória e história caminham, aqui, em sentidos opostos.

A questão seria, então, como mostrar o que excede toda imagem, como fazer ver um atentado contra a imagem, como expor o que faz implodir a história, como fazer obra sem transposição nem esquecimento. Acredito que a arte desse final de século é agitada por essa questão e que o filme de Lanzmann ocupa aí uma posição essencial que reflete todas as produções visuais atuais.

Shoah não é um filme sobre a shoah, ele é a obra daqueles que foram empurrados para as câmaras de gás, ele erige diante de nós o olhar daqueles que não sobreviveram. Melville dizia em *Moby Dick* que o livro é o meio que têm os mortos de se endereçarem aos vivos; *Shoah* é o meio que têm os mortos de se mostrarem aos vivos. Esse filme é a obra dos mortos, dos homens, das crianças e das mulheres mortos pelo gás letal, daqueles que, estando no centro do horror, nada viram. Para ver é preciso distância. E, se digo que esse filme é o olhar dos mortos, não é para fazer estilo ou literatura, é porque materialmente esse filme procura, obstinadamente, estar o mais próximo possível e apreender o olhar dos mortos das câmaras de gás, o que os vivos não puderam ver. Nesse sentido, ao contrário do que pretende Godard e de seu amor cristão pelas imagens, o filme de Lanzmann não defende uma interdição da representação. Ele é, ao contrário, a obra que vai mais longe naquilo que é possível mostrar, ele se mantém o mais perto daquilo que nenhum olhar soube sustentar. O que ele mostra é o próprio olhar. Poder-se-ia dizer de *Shoah* o que Jochen Gerz diz de seu próprio trabalho:[16] a obra não está mais na obra, ela está inteiramente no olhar. *Shoah* é, visualmente falando, a obra visual mais audaciosa sobre a shoah. Assim, longe de fazer da rarefação um valor, esse filme chega o mais perto do visível, à borda, essa borda, esse "o mais perto" oriundo do fato de que as testemunhas principais são os sobreviventes dos *Sonderkommandos,* que se encarregavam de carregar e descarregar as câmaras de gás, ou os oficiais nazistas que controlavam a administração direta dos crematórios. É preciso acabar com a estupidez que se difunde sobre isso. *Shoah* é um filme que filma as entranhas da shoah. Se, por um lado, Lanzmann não utiliza nenhum arquivo cinematográfico, nenhuma das imagens como aquelas filmadas por Georges Stevens – imagem colorida em dezesseis milímetros dos ossuários descobertos pelo exército americano ao entrar em Auschwitz e em Ravensbruck –, por outro lado, eu diria que as imagens desse filme são mais verdadeiras, mais reais, sobre as câmaras de gás do que todas as cenas reconstituídas por Spielberg ou Benigni. É preciso dizer que, contrariamente ao que se quer fazer acreditar, Lanzmann filma melhor e mostra muito mais do que todos os outros. Isso não escapou a Duras, que tenta, em vão, convencer Godard disso numa conversação que se encontra publicada.[17] *Shoah* é o filme que mostra as câmaras de gás. Verdadeiramente. Não se vê nada? Era assim, precisamente, não se via nada. E quem teria podido ver isso? Não as vítimas que estavam empilhadas ali dentro. Tampouco

---

[16] Artista muito importante, ainda pouco conhecido na França, ele é, entre outras coisas, autor de um *Monument invisible*, construído em Sarrebruck. Comentei esta obra em *L'objet du siècle*. Paris: Verdier, 1998.
[17] *Jean-Luc Godard par Jean-Luc Godard*, t. II (publicação dirigida por Alain Bergala) Paris: *Cahiers du cinéma*, 1998.

aqueles que estavam do lado de fora. De toda maneira, isso se passava no escuro. Ninguém podia ver. Ninguém viu nada.

Como mostrar *isso* que não tem imagem e que ninguém viu?

o.p.a

É mediante as obras que, sob diversas formas, a arte responde a essa questão. O que eu gostaria simplesmente de indicar, para terminar, é que, em certo sentido, e no mesmo sentido que a arte, Lacan deu uma resposta do discurso analítico.

Darei apenas a descrição da fabricação de certo objeto:

"Em um quarto totalmente escuro, os surrealistas vêm periodicamente trazer objetos inventados ou existentes cuja escolha deverá comportar o máximo de estranheza e bizarrice. Quando o número desses objetos é julgado suficiente, um surrealista que ainda não tenha entrado na pesquisa será fechado no quarto e, sempre no escuro, ele irá instintivamente [...] em direção ao objeto a ser escolhido.

"Então, vários técnicos, sempre no escuro, cada um por sua vez, descreverão oralmente, segundo o tato, os diversos elementos do objeto. Essas descrições extremamente detalhadas servirão a outros técnicos para reconstruir, separadamente, as diversas partes do objeto de maneira que, em momento algum, ninguém possa ter uma noção aproximativa do aspecto do objeto descrito, nem daquele que está sendo verificado. As diversas partes do objeto serão em seguida montadas por vários técnicos que, desta vez, efetuarão essa operação de maneira puramente automática e sempre no escuro.

"[...] Se terá tido, previamente, a precaução de deixar cair o objeto, de dez metros de altura, sobre um montinho de feno, situado bem no campo visual do aparelho [...] A demolição problemática, total ou parcial do objeto o enriquecerá ainda copiosamente com representações afetivas (sadomasoquistas, etc.).

"[...] Uma vez obtida [...] a foto, ela será imediatamente fechada, sem que ninguém a tenha visto, dentro de uma caixa de metal vazia. Assim, será garantida a sua conservação e também essa de um pouco de feno que se terá acrescentado aí (o objeto original e o objeto que acabou de ser fotografado terão sido cuidadosamente destruídos e seus restos serão voluntariamente perdidos antes dessa operação). Finalmente, o cubo de metal contendo a foto será mergulhado numa massa indeterminada de ferro em fundição, que ao se solidificar, o englobará.

"Esse pedaço informe de ferro fundido, de peso e volume quaisquer, será o objeto tipo "psico-atmosférico-anamórfico".[18]

Objeto perdido sem imagem: não se vê aí certa semelhança entre esse o.p.a.a., "objeto psico-atmosférico-anamórfico", de Dalí, e o o.p.a, "o objeto pequeno *a*", *petit tas*,[19] de Lacan? Examinando com atenção seus detalhes, estou certo de que vocês poderiam reconhecer muitas semelhanças entre eles.

Há um último ponto sobre o qual me parece necessário concluir. É que Lacan, ao inscrever o objeto *a*, inscreveu no discurso analítico aquilo que, graças ao franqueamento do acesso ao que se pode chamar "o horror", responde ao quebra-cabeça de que falei e que deixou a filosofia do pós-guerra numa situação embaraçosa quanto a saber, em termos próximos aos de São Bernardino, como fazer o impensável entrar no pensamento, o irrepresentável entrar na representação, a ausência entrar na presença, etc.

O objeto *a* é a resposta.

a é o nome reduzido à letra, ao inicial, do irrepresentável na representação, do impensável no pensamento, da ausência na presença, etc.

a é uma resposta sem Freud, que a data de sua morte, em setembro de 1939, deixa na soleira do que é para nós, hoje, o século XX.

a, uma pequena letra com a qual Lacan inscreveu, na psicanálise, que o irrepresentável, que o impensável aconteceu nesse século. Portanto, que o século XX aconteceu.

a é o objeto da arte do século XX e o lacanismo, que poderia se chamar a Psicanálise do século XX, caminha ao lado da arte do século XX. Eis o que me guiou.

---

[18] DALÍ. S. L'objet psycho-atmosphérique-anamorfique. In: *Oui, La Révolution paranoïaque-critique*, t. II, Paris: Denoël, 1979, p. 203-205.

[19] Wajcman joga com a homofonia entre *petit a* (pequeno *a*) e *petit tas* (certa quantidade, massa, etc.).

De um Joyce a outro[1]
Jacques Aubert

---

[1] Esta intervenção se inspira em um trabalho de pesquisa em curso.

À primeira vista, tudo parece indicar que haveria vários Joyce. Tudo: o que detalham os biógrafos, a diversidade das obras, a sequência e a complexidade crescente delas, as crises ou os acontecimentos pessoais de sua existência. Resta a dificuldade de extrair a "razão", no sentido matemático do termo, que avalia a passagem de um ao outro. Foi um pedaço desse osso que comecei a mordiscar outrora, simplesmente esperando que Lacan terminasse por revelar o todo. Então? *So what?* Darei meus palpites mediante um ou dois pontos de interrogação que vêm se acrescentar ao meu título. Lacan foi ao essencial, mas se pode, ainda, trabalhar certos momentos, certas inflexões da escrita de Joyce, particularmente o momento que ele termina *Dublinenses* e decide reescrever *Um retrato do artista quando jovem*.

Para tanto, apoiar-me-ei em um traço que vai no sentido contrário de uma primeira ideia de diversidade, mas que se impôs a partir de minha experiência com os textos de Joyce: eles nunca são tomados literalmente o bastante. Que o modo da letra se desenvolve, se desabrocha em *Finnegans Wake*, começando mesmo a ser localizado desde *Ulisses*, é algo patente. Contudo, é mais perturbador perceber e mais útil localizar as suas premissas bem anteriormente, ainda que seja em textos sem valor, textos que devem ser considerados sob o ângulo do enigma; para ser mais preciso, textos em que está em questão a literalidade do nome, de um nome, a sua *moterialidade* (*motérialité*).

Por textos sem muito valor, entendo aqueles que Joyce não desejou ou não pôde publicar, ou que escaparam de seu cânone. Não os considerarei todos, aliás, contentar-me-ei em trabalhar aqueles que me pareceram mais bem acabados: as três conferências ou artigos, *Drama and Life* (1900), *Ibsen's New Drama* (1900), *James Clarence Mangan* (1902); e os primeiros escritos autobiográficos, *Um retrato do Artista* (1904), *Stephen Hero*, que vem em seguida.[2] De quebra, tratarei um pouco de *Dublinenses*, que Joyce teve muita dificuldade para fazer alavancar e cujo término, em 1907, teve valor de pontuação e atestou o seu ato real.

Mas voltemos ao método que tentei aplicar, que consiste em tentar ler esses textos o menos possível do ponto de vista da significação, identificando neles efeitos de significante, em uma colimação do sentido. Para começar, isolarei dois significantes que se impõem insistentemente a Joyce e aos quais ele responde: o drama e a paralisia.

Pensar o aquém da poética

Joyce era poeta o bastante? Podemos nos fazer essa pergunta. Ele havia começado cedo, com seus poemas de *Chamber Music*, sem dúvida, mas acrescentava nesses escritos algo da ordem da reflexão: "Ele havia *interpretado* [...] a doutrina *viva* da *Poética*". Podemos adiantar que ele não estava muito certo de saber o que era ser poeta, mas que isso lhe importava no mais alto grau. Ele sentira a necessidade de introduzir um pouco de vida na *doxa* por meio de sua interpretação, de sua tradução: ele se dedicou inteiramente à *poética*, sem encarnação, *sem identificação*. Sua intervenção resultou em dois textos centrados na noção de dramático (*Drama and Life*, *Ibsen's New Drama*). A substância do

---

[2] Vale lembrar que *Stephen Hero* foi o esboço de *Um retrato do artista*, portanto, esse texto foi escrito antes, mas foi publicado somente depois de *Um retrato do artista*. (N.T)

primeiro texto será retomada e apresentada em *Stephen Hero* sob outro título. Em *Um retrato do artista quando jovem*, o dramático é, a seu ver, a mais elevada das três formas de arte.

Sua abordagem é histórica e, sobretudo, antropológica: "A sociedade é a encarnação das leis universais e imutáveis que implicam e envolvem os caprichos dos homens, seus costumes particulares e as diversas circunstâncias de sua vida". De maneira oposta, "a esfera da literatura [...] é aquela de seus costumes e humores acidentais"[3] (devo observar, de passagem, que o termo "literatura" é, nesses primeiros textos, ora depreciado, ora valorizado; será preciso voltar a isso). Segundo essa perspectiva, o drama é apresentado, logo de início, em referência à estrutura, ele "se consagre em primeiro lugar a exprimir as leis fundamentais em todo o seu despojamento e rigor divino", ele tem a função de *"fazer o retrato da verdade", portray truth*. Ele se apresenta numa tensão entre uma *forma* e um *espírito* que a habita, mas que nunca permanece, que não toma corpo em linguagem alguma. Tensão entre universal e contingente. Observemos que o acesso à verdade se faz pela *analogia*, e não pela dedução.

Aparece aqui uma curiosa comparação, testada anteriormente por ele em uma dissertação universitária. Joyce diz-nos: "[O drama] fez explodir todas [as formas] que não lhe convinham, como o primeiro escultor quando separou os pés de suas estátuas". Esse enunciado implica uma dupla ruptura: inicialmente, introduz a referência incongruente a uma outra arte, a *escultura*, antes de voltar ao drama; em seguida, revela-se por um fenômeno que é a *falta do nome próprio*, um nada (*pas*) de nome próprio quanto a um primeiro passo (*pas*). Tentemos ver um pouco mais de perto essas duas intrusões.

A escultura e o modelo

Voltemos ao primeiro traço, ou seja, o fato de que a escultura apareça em posição originária e, sobretudo, *metafórica*.

---

[3] JOYCE, James. *Œuvres*, t. I (Apresentação de Jacques Aubert). Paris: Gallimard (coleção Bibliothèque de la Pléiade), 1982. p. 918-920.

É ela que encontramos dois meses mais tarde em um artigo memorável sobre a peça de Ibsen *Quando despertarmos de entre os mortos*, que encena as relações mortíferas entre um artista e seu modelo, e traz, desde já, a questão de *a mulher*/uma mulher (texto que, sozinho, merece todo um desenvolvimento). Sente-se que é ainda com a escultura que Joyce dialoga no início de seu primeiro *Um retrato do artista*, quando ele escreve: "Os traços da infância não são comumente reproduzidos no retrato da adolescência, pois somos tão bizarros que não podemos ou não queremos conceber o passado sob outra forma que não aquela de um memorial que tem a rigidez do ferro". Tudo se passa como se a ordenação poética, essa da escrita, devesse *passar pela consideração do corpo em sua consistência de imagem*.

Observaremos de passagem que, no segundo plano dessa confrontação, encontra-se a problemática isolada por Lessing em seu *Laocoonte, ou sobre as fronteiras da pintura e da poesia*. Esse texto é mencionado em *Um retrato do artista quando jovem* de maneira bastante ambígua, mas, por outro lado, dois de seus significantes-balizas, *nacheinander* e *nebeneinander*, que definem as artes em questão em termos de sucessão e de coexistência, aparecem bem no início do episódio 3 de *Ulisses*, *Proteo*, no momento preciso em que a escrita de Joyce começa a deixar a perspectiva da representação. Lessing preocupa-se em eliminar da poesia todo projeto descritivo e em denegar às artes plásticas o direito de representar o que é da ordem da *ação* que, por seu turno, deve continuar sendo o campo próprio da poesia. Segundo ele, no caso de *Laocoonte*, a ausência de uma expressão de dor em seus traços, e mesmo de um sinal de grito, não se deve, de forma alguma, a uma interpretação psicológica (estoicismo), mas às leis da escultura grega, submetida aos princípios, às sujeições próprias da exigência de beleza. Para Lessing, e essa devia ser a conclusão de seu tratado que permaneceu inacabado (a fonte de Joyce é *A History of Æsthetic*, de Bernard Bosanquet), o drama é a mais elevada forma da poesia, e esta, repitamo-lo, tem por objeto a *ação*. Joyce, por sua vez, isola o que pode haver aí enquanto *ato do sujeito na ação dramática*, uma ação que, na conferência da qual partimos, Joyce teve o maior cuidado em opor radicalmente ao puro "espetacular".

A escultura, o significante e a paralisia

Em *Um retrato do artista*, Joyce faz Stephen Dedalus dizer a propósito do "ritmo da beleza": "Falar dessas coisas, procurar compreender a sua natureza e depois de tê-la compreendido, tentar lentamente, humildemente, sem repouso, extrair novamente da terra bruta ou daquilo que ela nos fornece – sons, formas, cores, que são as portas da prisão da alma –, uma imagem dessa beleza que chegamos a compreender – eis o que é a arte".[4] Assim, a escultura aparece como a metáfora privilegiada da criação, na medida em que é *expressão, extração de um objeto (a?) do significante massificado*. Ela apresenta o ato fundador, que é resposta a uma falta de falta.

Mas insistamos: essa escultura é claramente especificada ao corpo e igualmente associada ao dramático, como vimos desde o início. E o axioma "o drama é a vida" verifica-se quando Joyce apresenta outra face possível da questão do corpo, a paralisia, na medida em que ela revela a morte trazida pelo significante. Sabe-se que Joyce apresentou suas novelas com estas palavras: "Minha intenção era escrever um capítulo da história moral de meu país, e escolhi Dublin como ambiente porque essa cidade me parecia o centro da paralisia"[5] – foi o que ele escreveu ao seu editor, Grant Richards, em 5 de maio de 1906. Ao seu amigo Constantine Curran, ele escreveu em 4 de agosto de 1904: "Eu chamo a série de *Dublinenses* para trair [*betray*] a alma dessa hemiplegia ou paralisia que muitos consideram uma cidade",[6] onde se vê que a identificação entre

---

[4] JOYCE, James. *Œuvres*, t. I (Apresentação de Jacques Aubert). Paris: Gallimard, 1982. p.734. (Coleção "Bibliothèque de la Pléiade")

[5] *My intention was to write a chapter of the moral history of my country and I chose Dublin for the scene because that city seemed to me the center of paralysis.*

[6] *I call the series Dubliners to betray the soul of that hemiplegia or paralysis which many consider a city.*

cidade e paralisia é total. Uma identificação na imediatez do significante "Dublin" encontrado "como morto", em vista de um *sentido* que restitui a vida.

Joyce escreve, de fato, ao seu editor em 15 de outubro de 1905: "Devido a numerosas circunstâncias que não posso expor aqui em detalhes, a expressão "Dublinense" parece-me *ter um sentido*; duvido que se possa dizer a mesma coisa de "Londrino" e de "Parisiense", que os escritores utilizaram nos títulos".[7] Não é surpreendente que ele não possa "detalhar as circunstâncias", uma vez que isso já seria lançar-se na escrita: o que o obseda é tanto a passividade das pessoas como a massividade do significante, massividade que a sua escrita tem precisamente o objetivo de vencer. Aliás, Dublinense, Londrino, Parisiense não são nomes ou epítetos, mas palavras, *words*, como ele diz.

O significante *Dublin deve ser tomado literalmente*: "Eu o escrevi essencialmente em um estilo de escrupulosa mediocridade [*scrupulous meanness*], com a convicção de que seria preciso ser audacioso para ousar transformar a apresentação do que se viu e ouviu, e ainda mais para deformá-los. Não posso fazer mais do que isso. É-me impossível modificar [*alter*] o que escrevi"[8] (Carta a Grant Richards, 5 de maio de 1906). Mediocridade [*Meanness*], onde se pode ouvir, ao mesmo tempo que o baixo da baixeza, da mesquinharia e a ideia de "meio", de mediação, alguma coisa também do sentido, do "querer dizer", *mean*, como substantivado pelo final -*ness*. E *scrupulous*, da pedrinha *insignificante*, mas que, do lado de dentro, machuca tanto o pé: Joyce não se diz atento apenas ao significante, ele é muito mais atento ao seu som mais agudo, ali onde o significante *falha na materialidade do texto*, na letra, em sua *agudeza* ("*pointe*").

---

[7] *On account of many circumstances which I cannot detail here, the expression "Dubliner" seems to me to have some meaning, and I doubt whether the same can be said for such words as "Londoner" and "Parisian" both of which have been used by writers as titles.*

[8] *I have written it for the most part in a style of scrupulous meanness and with the conviction that he is a very bold man who dares to alter on the presentment, still more to deform, whatever he has seen and heard.*

O nome e sua falta

Encontramos em certo momento no discurso de Joyce outra falha: aquela do nome do pai da arte. Esse nome que falta na identificação do drama, da vida e da arte, é o nome próprio com o qual Joyce vai logo se revestir de modo bizarro: Dedalus, ou melhor, *Dædalus*, para retomar a ortografia que ele manterá em *Stephen Hero* e em certas cartas de 1904, onde ele assina "Stephen Dædalus". É esse nome que ele colocará em baixo de sua primeira novela, *The Sisters*, publicada nesse mesmo ano em um jornal de Dublin, é também esse nome que se espera encontrar como assinatura da obra acabada.

Joyce havia feito a mesma alusão silenciosa a esse Dedalus, ou, mais exatamente, *Dædalus*, no comentário de um quadro, o *Ecce Homo* da Royal Hibernian Academy: "O drama fez sua aparição na escultura no dia em que o artista separou os pés de suas estátuas". Ele retomava aí uma tradição que remontava a Heródoto, retomada na época moderna por Winckelmann e por Hegel (em cuja obra, provavelmente, ele a encontrou) para apontar *Dædalus* como o autor do gesto inaugural, não somente da escultura, mas também como acabamos de ver, da poesia em sua essência "dramática", ou seja, em sua essência de "ação-ato", de ato na ação. Dedalus restitui a vida, o que esclarece a observação de *Um retrato do artista*, de 1904, sobre a "doutrina viva da *poética*": ali onde se está sob o efeito mortal do significante, a estátua permanece viva. *Dædalus faz entrar na vida e em seu enigma*. O que isso quer dizer?

Segundo Françoise Frontisi-Ducroux, de quem retomamos esses dados, "antes de Dedalus, as estátuas tinham os olhos fechados, as pernas unidas, os braços colados ao corpo ou eram mesmo totalmente desprovidas de mãos, de pés e de olhos [Essas *xoana* são, para Jean-Pierre Vernant, manifestações da ausência, do invisível]. Algumas não passavam de simples prancha ou viga. A Dedalus são atribuídos todos os progressos decisivos da arte arcaica: olhos abertos, pernas afastadas, braços descolados do corpo e tesos.⁹ Muito normalmente, ou seja, em meio a certo mal-entendido, a tradição lhe atribui a fabricação do primeiro autômato. De toda forma, é a invenção de uma *mímesis da vida, com o risco do automatismo* que, curiosamente, inscreveu Dedalus na ordem simbólica, pois esse nome próprio surge de uma família lexical, os *daidala*, constituída de substantivos, verbos, adjetivos derivados e compostos e vocábulos que, segundo Frontisi-Ducroux, caem em desuso [...] no momento em que a lenda de Dedalus é ampliada e popularizada. Tudo se passa como se essa série de termos tivesse sido progressivamente apagada por trás do antropônimo que ela gerou.¹⁰ Iremos ainda mais longe: "tudo se passa como se" Joyce tomasse um caminho inverso ao que a filologia sugere, numa volta em direção ao que se encontra antes de Dedalus, antes do nome próprio, em direção ao originário do trabalho real da língua, em direção ao *trabalho do corte que se exerce sobre a massividade "xoânica" do significante*. "Dedalus" é, para ele, o *nome* desse ato simbólico. Nas duas passagens, esse significante está omitido, nas duas passagens, o ato surge por essa referência à separação dos pés, *condição* do *passo* (*pas*).

Conhecemos a crítica feita a Dedalus: com seus autômatos, abre-se a possibilidade, o perigo de que as imagens, as imagens do corpo, desapareçam; essa é outra maneira de dizer que o autômato está do lado da analogia e do imaginário, ao passo que a imobilidade da estátua faz com que se apreenda a vida nela, com a sua parte de verdade. Não é à toa que os *daidala*, assim como os *xoana*, fazem parte dos *agalmata*, esses objetos preciosos que são mais ou menos da esfera do sagrado. A esse título, se eles não se deslocam, por outro lado, têm vocação para ser deslocados nos movimentos de toda cultura viva:

"As estátuas de Dedalus têm muitas razões para fugir. Elas são móveis enquanto signos da presença inapreensível de

---

[9] FRONTISI-DUCROUX, Françoise. *Dédale, mythologie, de l'artisan en Grèce ancienne*. Paris: Maspero, 1975.

[10] FRONTISI-DUCROUX, Françoise. *Dédale, mythologie, de l'artisan en Grèce ancienne*. Paris: Maspero, 1975, p. 36.

um deus, enquanto objeto e instrumento de ritos que mimam a ação divina em suas diversas manifestações, enquanto marca de um poder político que dá como referência uma investidura divina, que pode, ao mesmo tempo que o talismã, escapar ao seu detentor, enquanto objeto precioso que, ao lado de seus valores religiosos e políticos, são também [...] um valor circulante, uma moeda de troca".[11]

Assim, *Dedalus é aquele que cria uma variedade de* agalmata *consagrados à fuga metonímica, inseparáveis da dimensão metonímica do simbólico na qual o objeto escapa de seu detentor-criador.* Dedalus liberador, e mesmo criador, de objetos que ele faz escapar do que o significante pode ter de massificado.

Liberações e hábeis vestimentas do ser

Para Joyce, se o ouvirmos literalmente, a imagem e o discurso da cidade estão paralisados, o seu significante parece morto, sem *Outro*, sem desejo – ou percebido, em um primeiro tempo, como reduzido a um *Outro* sem sujeito. Mais precisamente, mais tragicamente, o sujeito pensa que isso de que ele sofre, não é de um significante que falta, mas que, em um universo significante inteiramente saturado, *a própria falta falta*: não há mais lugar onde se inscrever, a não ser na fabricação, a partir dessa constatação (revelação?) de um significante que seria o seu e *que daria existência ao seu ser.* Esse significante estaria todo no dito irônico, incisivo, cortante. (E que seria da ordem da nomeação). Ele é animado pelo desejo de criar falta ali onde o *seu desejo* é saturado. O que ele quer trazer aos homens é a *verdade da falta na estrutura.* O que, de fato, o levará ao seu trabalho: trabalhar com o significante e trabalhar sobre si é, para ele, algo indissociável.

Sua perspicácia ("pointe") se exerce na articulação do visto e do ouvido, e faz movimentar, *anima o Outro*. Naquele

---

[11] FRONTISI-DUCROUX, Françoise. *Dédale, mythologie, de l'artisan en Grèce ancienne.* Paris: Éditions Maspero, 1975. p. 106. Observo, de passagem, que Joyce indica o interesse de seu herói pelos "deuses portáteis dos homens cuja herança Leonardo e Miguelangelo deviam recolher", *Stephen le héros*, In: *Œuvres I*, op., cit., p. 347.

tempo Joyce imaginava que iria fazer as coisas se movimentarem. Ele ainda não havia entendido totalmente que é sempre a morte a vencedora. Em 20 de maio de 1906, ele escreveu ao seu editor, que havia lhe pedido para mudar as palavras e suprimir certas histórias: "Os pontos sobre os quais não cedi são os verdadeiros rebites do livro. Se os eliminar, o que será do capítulo da história moral de meu país? Luto para mantê-los porque acredito que, ao compor o meu capítulo da história moral exatamente como ele é, dei o primeiro passo (*pas*) [*sic*] em direção à liberação espiritual de meu país". A ideia de liberação do espírito prisioneiro de uma forma paralisada retoma aquela que dominava a sua apresentação do dramático.

Joyce vai rapidamente nos dizer que *esse espírito* que se endereça ao Outro *é o seu*, assim como ele diz, na mesma época (1904), bem no início do primeiro *Um retrato do artista*: a arte desse retrato consistirá em criar "por algum processo do espírito cujo quadro ainda está por fazer [*as yet untabulated*], liberar [*liberate*] das massas de matéria personalizadas, o que constitui o ritmo individuante deles". *Essa forma* é a de um corpo cuja única consistência é a que lhe é dada pelo heterônimo que ele escolheu para si.

O dramático, como vimos, era, antes de tudo, a vestimenta de um imaginário da escultura no qual o sujeito se encontra inteiramente mergulhado, ao qual ele adere com todo o seu ser: Dedalus, o *nome imaginário com o qual ele se batiza, se veste*, revelar-se-á, em última instância, uma *criação metafórica* com dimensões e *pretensões ontológicas*. Agora, o termo "massas de matéria personalizadas" (*personalised lumps of matter*), é curiosamente próximo dessa enviscação no significante massificado que ele denuncia em *outro*-Dublin. Com *Dublinenses*, mediante o trabalho de escrita, Joyce vai ser preso no *processo metonímico* que Lacan mostrou muito bem ser inseparável da metáfora.[12] *Um processo graças ao qual a imagem do corpo começa a se tornar*

---

[12] LACAN, Jacques. *O seminário, livro 5: As formações do inconsciente*. Tradução de Vera Avellar Ribeiro. Rio de Janeiro: Zahar, 1999, p. 80.

retrato. Ou seja, abordar a questão da verdade (conferir a expressão de Joyce assinalada mais acima: *portrait truth*); mas num processo marcado pelo rigor do simbólico: *tabulated* evoca claramente o quadro de Mendeleïev e seu compartimento vazio.

Iniciada a partir de uma encomenda, a coletânea se organiza pouco a pouco sob a escrita de Joyce: em um primeiro tempo, talvez, segundo o modelo de *A Divina Comédia*, em seguida e mais explicitamente como a apresentação de três aspectos da cidade: infância, adolescência, maturidade e vida pública (Carta a Grant Richards, 5 de maio de 1906). Mas Joyce não chega a concluir: seu projeto inicial é de dez novelas, depois, de doze, em seguida, de treze, e depois, de quatorze. Joyce encontra-se nesse ponto em 1906, quando, cansado de sua vida em Trieste, vai para Roma em busca de fortuna. Ali permanecerá por oito meses e voltará na primavera de 1907 – uma gestação quase completa – com o projeto (até que ponto ele avançou?) de uma última novela que terminará, em um último gesto, no início do verão: *The Dead*. Essa pontuação final é mais ou menos contemporânea do projeto de reescrever *Stephen Hero* em um romance de "cinco capítulos", que virá a ser *Um retrato do artista quando jovem*. Esse é também o momento em que chega à sua casa o seu segundo filho, Lucia. Tentemos apreender alguma coisa dessa maneira de concluir o tempo para compreender.

Da certeza ao assentimento pelo encontro com o real

Joyce assina a sua primeira novela *Stephen Dædalus*, mas ele publicará a coletânea com o seu nome próprio, ao mesmo tempo ele decide por uma reescritura de seu retrato. Entre os dois momentos, *com a queda dessa identificação*, há um abalo na relação com o *Outro*.

Essa relação foi, em um primeiro tempo, marcada por índices de *certeza*, essa certeza da qual Joyce diz no primeiro *Um retrato do artista* (1904) não haver encontrado entre os homens,[13] mas que ele começava a sentir durante experiências

---

[13] *Œuvres I*, op., cit., p. 317.

que irá chamar de epifanias. Essa parece ter sido, de início, a inspiração das novelas de *Dublinenses*. É dessa certeza que ele se sente o depositário e se considera encarregado de *transmitir*, como ele afirma em *Stephen Hero*: "Ele estava convencido de que ninguém presta mais serviço a sua geração do que aquele que, seja por sua arte, seja por sua existência, lhe traz o dom da certeza".[14] Precisemos: "no que diz respeito à estrutura".

Vimos com que vigor Joyce defendia, no caso das novelas de *Dublinenses*, essa missão de divulgação da *verdade toda cujo gozo o invadia*. Vimos também o embaraço no qual esse trabalho de escrita pouco a pouco o mergulhou, à sua revelia. É que o seu projeto era também e, sobretudo, uma demanda em cujas chicanas ele terminou preso: de início acusador, Joyce foi obrigado a desdobrá-lo no significante. Nessa *metonímia*, o Outro, de acusado, tornou-se para ele, pouco a pouco, acusador. Em *Drama and Life*, tratava-se de fazer o "retrato da verdade": esse ícone, propriamente epifânico, era um objeto, era todo objeto. (O que se sabe do fetichismo de Joyce com relação aos seus primeiros pequenos textos, caligrafados em velino, apresentados com um cuidado extremo, deve ser relido sob essa perspectiva). Tudo se passa como se esses objetos se pusessem a olhá--lo. Sua imagem heróica (*Stephen Hero*) está se transformando em autorretrato. Seus "papéis de identidade", puros enunciados, viram enunciação: *Ego sum* (*Dædalus*), com o qual vai justamente cair o heterônimo imaginário agora reduzido ao processo que ele desencadeou.

Foi em Roma que se deu essa mudança de perspectiva. Se acreditarmos no que diz Joyce, ele foi a Roma para procurar um trabalho mais bem remunerado e um pouco de lazer para escrever. Mas, para esse católico irlandês em ruptura com o seu meio social, alguma coisa, não tanto da ordem da *verdade enquanto universal (católica)*, mas de seu *fundamento*, estava em jogo à sua revelia, ainda que fosse sob a forma de um *desafio*. Esse desafio havia sido, em certo momento, o de constituir "toda uma ciência estética" com base em "São Tomás aplicado", uma suma, de certa forma. Esse

---

[14] *Œuvres I*, op., cit., p. 385.

projeto de um *revestimento do gozo* (do Belo), certamente abandonado na época, vai ser convertido em escritos (haverá cinco, cinco tomos, o Pentateuco da Bíblia da Arte), em puros escritos de *sum*, de "eu sou aquele que sou" [*je suis celui qui suis*].

É que ele encontra *um real*, em um duplo encontro faltoso, com Dublin e com Roma ao mesmo tempo. Por um lado, segundo diz, ele não explicou a virtude hospitaleira dos dublinenses e, por outro lado, ele ficou surpreso e estupefato com a atmosfera mortífera de Roma "que evoca para mim, diz ele, um homem que ganha a vida mostrando aos turistas o cadáver de sua avó".[15] Vê-se o passo que "Roma" o faz dar: o cadáver não presentifica novamente apenas a paralisia como objeto e como significante, mas a própria *corrupção*. Conhecemos a leitura que Lacan[16] faz dessa história no *Seminário VII*,[17] graças a Santo Agostinho (*Conf*. VII, 12). Ele faz aparecer aí exatamente a dimensão da *perda* (do bem). Joyce, no início de 1904, citava esse mesmo texto, que, inegavelmente, o surpreendera sem, no entanto, parecer articular a sua lição. Eu leio que ele o fez em Roma, onde *ele encontra a Coisa em sua extimidade*: o cadáver. E, se "Roma" pode ser lida "Dublin", é exatamente em seu avesso literal, "amor". Literal e programático: *um outro amor*.

Joyce é tanto mais preso nesse dublo encontro de Dublin em Roma e através de Roma, que se trata, na realidade, de um único encontro de dupla face, de um real inscrito a partir de *um mesmo gesto*, tanto em sua escrita como no significante com o qual ele se identifica: *Dædalus*. *Um significante que, desdobrado ao pé da letra, ao mesmo tempo diz o ato e o confronta com a morte*.

Nesse lugar do simbólico suposto, de um simbólico imobilizado que ele contesta em meio à fascinação, Joyce encontra as potências do imaginário que ele acreditou haver exorcizado ao

---

[15] *Œuvres I*, op., cit., p.1204.

[16] Eu arriscaria dizer que tal leitura foi feita depois da leitura de Joyce: ver *Œuvres I*, op., cit., p. 317.

[17] LACAN, Jacques. *O seminário, livro 7: A ética da psicanálise*. Tradução de Antônio Quinet. Rio de Janeiro: Zahar, 1988, p. 268-269.

deixar Dublin no primeiro tempo de um ato que vai exigir um segundo tempo. Em seu questionamento do mundo dublinense, ele utiliza várias vezes o significante *assent [assentimento]* que toma emprestado da *Grammar of Assent*, de seu mestre John Henry Newman.[18] Conforme diz um de seus comentadores autorizados (Bernard Dupuy), Newman afirma que "a condição de todo discurso e de todo diálogo é o abandono do terreno das proposições nocionais" (i.e, no absoluto), o que Newman chama de assentimento nocional fundado na inferência, no qual "o espírito contempla suas próprias criações, e não as coisas" (i.e. o relativo). Newman acrescenta: "No assentimento real, ele [o espírito] é dirigido para as coisas, representadas pelas impressões que elas deixaram na imaginação. Quando são objeto de assentimento, essas imagens têm, ao mesmo tempo, sobre o indivíduo e sobre a sociedade, uma influência que não pode ser exercida por simples noções".[19] Dupuy resume nos seguintes termos as consequências dessa ligação do real com o imaginário: "É a força cumulativa e unificante das razões *prováveis* recolhidas por uma *memória atenta* que provoca o assentimento do espírito [...]. É preciso que seja criada toda uma história mental, tudo o que foi aprendido e retido, não sob forma de conhecimentos propriamente ditos, mas sob forma de princípios, de regras de condutas, sentido dos valores, julgamentos obtidos pela experiência, pela educação e pela *escuta de outrem*":[20] uma espécie de perlaboração.

A queixa essencial de Joyce a respeito de seus concidadãos – queixa *ética* – é de que o assentimento deles é puramente nocional. É o que ele articula no início do primeiro *Um retrato do artista* (1904): "Foi preciso, na verdade, muito tempo para que esse adolescente compreendesse a natureza dessa virtude totalmente mercantil – essa que permite dar um assentimento

---

[18] Cf. LACAN, Jacques. *Escritos*. Tradução de Vera Avellar Ribeiro. Rio de Janeiro: Zahar, 1998. p. 876.

[19] NEWMAN, John Henry. *An Essay in Aid of a Grammar of Assent* (1870), reed. Christian Classics, 1973. p. 75.

[20] DUPUY, Bernard. Artigo: "John Henry Newman". In: *Encyclopædia Universalis*.

cômodo a certas proposições sem colocar, de forma alguma, a sua existência em conformidade com elas".[21] Da mesma forma, é nestes termos que, na novela *Grace*, Mrs. Kernan é apresentada: "Seus artigos de fé nada tinham de extravagante. Ela acreditava piamente que o Sagrado Coração era, de maneira geral, a mais útil das devoções, e os sacramentos tinham a sua aprovação".[22] Mas, com todos os seus pensamentos e sua interpretações ele não estava, ele próprio, mergulhado em pleno nocional?

Em seu retorno a Roma e ao lugar fundador disso ao qual deseja se opor, Joyce descobre, ou redescobre, *a origem da história com a mortalidade do filho. Presentificação da mortalidade* que toca o âmago de seu ser. Com isso, interrompe-se a proteção que ele pensou haver colocado sobre o que chamou, no início de *Ulisses*, "o pesadelo", ao escrever "um capítulo da história moral de seu país". Mas Joyce articulou isso mediante uma demanda endereçada ao *Outro* dublinense. Inevitavelmente, essa demanda, como tal, remeteu-o a si próprio, a sua história, ao seu desejo, e o fez passar da moral e da teoria estética à perspectiva da ética. A um *assent [assentimento]* que é do sujeito, que incide sobre o assunto *[sujet]* da escrita, Dublin *assim como ele mesmo, Dublin que, consequentemente, de* Ulisses a Finnegans Wake, *não vai deixar de ser o assunto [sujet] de sua escrita.*

Sem Dedalus e sem Stephen ou: da identificação ao traço unário à sua queda no equívoco[23]

É tempo de voltar a esse buraco, a esse "sem Dædalus" (*pas* de Dædalus) que localizamos nos primeiros textos de

---

[21] *Œuvres I*, op., cit., p. 314.

[22] *Œuvres I*, op., cit., p. 248.

[23] No original : *Pas de Dédale et pas de Stephen, ou: d'une identification au trait unaire à sa chute dans l'équivoque*. Em várias passagens do texto, Jacques Aubert deixa à mostra a duplicidade da expressão "pas", que tanto pode apontar para a ausência e a privação, como ser a partícula de negação largamente utilizada em francês, quanto para passo, passagem, movimento. (N.T)

Joyce. Não se trata simplesmente de um "esquecimento do nome próprio". O que está omitido é o significante do artista tutelar, é, *literalmente, a sua nomeação*. Dir-se-á que, visto que nessa literalidade ele não existe senão por e em seu ato de corte, como poderia ele ser representado a não ser por esse corte? Ele está, portanto, inteiramente em seu significante (pura "tomografia"...?) e é exatamente o que ele nos dá a entender em sua primeira articulação, *Dæd-*, em fonética [i:], ou seja, estritamente homófono a *deed*, feito brilhante, ato (no sentido jurídico). A função do nome leva à existência do ato, o ato como existência. A segunda acepção de *deed*, "ato" no sentido jurídico, é particularmente interessante na medida em que ela designa, sob a forma *deed-poll*, um "ato de contrato particular", sobre um documento cortado reto (*polled*), e não um documento "chanfrado" (*indenté*), tal como um *symbolon*, para fazer fé entre duas partes (tal é, na cultura anglo-saxônica, o procedimento de *indenture*). Ora, esse tipo de ato é, em *Ulisses*, utilizado a propósito da *mudança de nome* do pai de Bloom, Virag, "o nome do pai que se envenenou" (*deed-poll* foi, infelizmente, traduzido por "decreto"[24]). Acontece que esse significante que Joyce escolhe para si como nome tem esse traço particular de uma desinência latina, signo de uma obediência à raça romana, a *gente* católica, universal e universalizante, em detrimento da razão helênica. É esta última que ele vai encontrar quando se transfere para Roma, é esse real, esse impossível que, inconscientemente, ele vai buscar ali, sob a aparência de uma fuga. "Essa noite em Samarcanda"... *Tudo se passa como se ele tivesse considerado seu encontro com a morte, com uma figura do outro absoluto, que ele encontra nas letras mesmas desse "Daed-": "The Dead".*

Acontece, entretanto, que Joyce assina "Stephen Dædalus", e não *Dædalus*, *classificando-se como filho em uma linhagem*, aquela dos Dedalus. Que destino ele assina ali como filho do fundador da arte entendida como enlaçamento entre o drama e a vida? Além disso, qual o alcance da colocação desse nome, desse *nome de*

---

[24] *Œuvres I*, op., cit., p. 380.

desejo, que é o seu [nome] próprio, e o faz sair do [nome] comum com esse *Dædalus* que, no fundo, é comum? Esse desejo do qual ele é o nome, "Stephen", o inscreve na Igreja católica, da qual Stephen é o "protomártir", o primeiro a ter colocado a vida em jogo por algo que ele não viu com seus próprios olhos, mas apreendeu na fala. *Estaria ele, por essa razão, tomado no desejo humano? É exatamente disso que ele duvida*. Que Joyce-Stephen tenha experimentado a mordacidade da questão é algo que fica patente quando, no episódio 9 de *Ulisses*, sua interpretação de Shakespeare o remete a si próprio:

"– Você sabe tirar partido do nome, reconheceu John Eglinton. O seu próprio nome é bem estranho. Isso explica, talvez, a sua imaginação fantástica.

"Eu, Magee, Mulligan

"Inventor fabuloso, o homem falcão. Você levantou vôo. Em que direção? Newhaven-Dieppe, passageiro de terceira classe. Paris e retorno. Pássaro pé-frio. Ícaro. Pater, que seja. Escorrendo de água de mar, desconcertado, à deriva. Pé-frio é o que você é. Pé-frio como ele".[25]

Na lenda, o pássaro é associado ao assassinato, por Dedalus, de seu sobrinho, e à morte de Ícaro.[26] Mas, em seguida, Joyce mistura à descrição da morte de Ícaro a *última fala do Cristo, o apelo ao pai* – o que muda tudo.

Stephen-Ícaro, com o risco mortal da subida, ascende *[ascent]*, um significante estritamente homofônico a *assent [assentimento]*. Mas, *uma voz, traindo uma derelicção radical, vem fazer um furo* na superfície imaginária lisa que tenta recobrir a experiência. Verifica-se aqui – e Stephen o diz nesse testamento sobre o nome – que é exatamente um real que está em causa.

Um real que ele coloca em jogo e desmonta *por seu próprio passo* (*pas*), *pelo que o faz passo* (*pas*).[27] Enfatizei que Joyce

---

[25] *Œuvres I*, op., cit., p. 238.

[26] OVIDE. *Les Métamorphoses*, VIII, v. 250-259.

[27] Em francês, "pas" designa igualmente uma partícula de negação e o substantivo "passo". Vale notar que o autor, a esta altura, faz uso dessa ambiguidade. (N.T)

falava, a propósito de *Dædalus*, da separação dos pés (e não das pernas), *feet*, um significante equívoco tanto em inglês como em francês: pé humano, pé do ritmo poético. Parece evidente que tudo isso é da alçada do gozo fálico. O que observarei, contudo, é que ao escolher "Stephen" como nome para seu herói, Joyce introduz furtivamente − "à revelia de seu total acordo" e, sobretudo, de uma só vez −, dois traços: um outro significante de passo ("pas") e um fonema decisivo.

Ele introduz *step*, o passo, a marcha, e igualmente *step-*, primeiro elemento de toda uma série de compostos familiares (*step-brother, -father, -mother*), elemento herdado de uma velha raiz germânica (*OE steop*, órfão, e OHEG *stiufan*, privar de pais ou de filhos). A acepção dessa espécie de prefixo é a seguinte: (OED) "aquele que está em uma *relação nominal* análoga àquela que está especificada, em razão da *morte* de um dos cônjuges e do *novo enlace* do outro cônjuge": *enlaçamento entre a morte e o nome através da perpetuação da vida*. Ao que se acrescenta, portanto, no equívoco, o modo de andar [*démarche*] que o *step* conota, se posso dizer, correndo.

(Neste ponto, abrirei parênteses. Em *Um retrato do artista*, Joyce irá articular o significante *step* de várias maneiras ao circunscrever, pouco a pouco, sua posição a respeito da mulher e da vocação, vocação de padre, vocação de artista. Isso começa com a "epifania da menina", epifania que, pela primeira e única vez, Joyce desdobra e faz funcionar ao longo de seu texto; a criança é aí uma pequena sedutora, subindo em sua direção e descendo os degraus [*marches*] do bonde. Em seguida, o *step* é associado à posição na qual ele se imagina, não como padre, como havia sido questão, mas diácono, no degrau [marche] inferior. Finalmente, ele irá encontrar a jovem nas escadas [*marches*] da biblioteca, que se revela, em definitivo, o lugar de sua interrogação sobre os signos e os significantes).

Vê-se nessa leitura de *Stephen* recortado em *step* e *hen* (outro significante que leva à interpretação, na medida em que, em *Finnegans Wake*, é a galinha, *hen*, que descobre a letra ao ciscar as imundícies), vê-se que esse recorte faz cessar

– ao mesmo tempo que isola um traço – o fonema [i:]. Fonema surpreendente aqui, visto que, acabamos de ver, ele está igualmente na inicial de *Dædalus*. Pela elegância desse traço fonemático, desse *diferencial fonemático que faz traço*, Stephen e *Dædalus* possuem um *elemento identificatório* comum, legível a meu ver como *engendramento metonímico reversível*.

Minha hipótese é que o passo [*pas*] de *Dædalus* pode ser apresentado como a identificação de Stephen com esse traço diferencial onde se localiza a voz enquanto resto de voz, falta de voz, *estilhaço de voz caindo em letras*.

Estilhaço, falta, reescrita da falta. É aí que se faz verdadeiramente ouvir o *drama* com o qual Joyce nos entreteve, tal como ele nos dá a ler no início de *Ulisses*: *My familiar, after me, calling, Steeeeeeeeeeephen. A wavering line along the path.*[28] É *after* que enlaça o equívoco: são convocados o tempo, o espaço, a agressividade e também a sucessão, a transmissão. Esse *familiar* tem aí um furioso ar de parentesco com *Dædalus* pai que, em *Um retrato do Artista*, chama seu filho de um *ear-splitting whistle*, "um assovio que perfura o tímpano".[29] Apesar da satisfação que se pode tirar dessa interpretação, em que é permitido chegar a ouvir o engendramento imaginário do pai e aquele da raça (ver a última página do *Um retrato do Artista* à qual Lacan alude especificamente), apesar disso, a segunda frase, com sua evocação transparente da escrita, obriga-nos a reler o *after me* da primeira para extrair dela uma outra dimensão: Stephen dá aí testemunho, ao mesmo tempo, de sua *releitura do real e de uma escrita, que, juntas, o singularizam*, escrita que será marcada "irrevogavelmente" pela *voz, pela letra e por seus equívocos*.

É notável que em *Um retrato do artista quando jovem* Joyce adote a grafia "Dedalus", deixando cair o "a". Que Ezra Pound o tenha levado a isso não muda em nada a questão.

---

[28] *Ulysses*, Ramdom House, 1961. p. 20; *Ulysses*, in *Œuvres II*, op. cit., p. 22: "Meu familiar que caminha atrás de mim chamando *Steeeeeeeeeeephen*. Um traçado onduloso ao longo do caminho".

[29] *Œuvres I*, op., cit., p. 702.

Da comédia

Falemos de causa. Com o objetivo de esclarecer a "doutrina viva da poética", Joyce definia a tragédia em termos de causa ("O terror é o sentimento que nos detém diante do que há de grave [ou seja, precisa ele mais adiante, 'do que há de constante e de irremediável'] no destino humano e nos une com sua causa secreta") e defendia a comédia como a única forma perfeita, em detrimento da tragédia, na medida em que a primeira era caracterizada pela "alegria", *joy*. Seria necessário precisar o que Joyce entendia por isso: o contexto indica claramente que se trata do *gozo* (*jouissance*) da beleza, assim como Bernard Bosanquet o defina, em sua *History of Æsthetic*, com a ajuda do *Filebo* e do *Gorgias*, ou seja, aplicável aos "casos que escapam à inquietude [*uneasiness*] do desejo e [...] se distinguem por seu caráter simbólico".[30] *Joy* está, certamente, do lado do *gozo do não-Todo*. Os textos de São Tomás que ele utiliza confirmam essa orientação. A grande virada de Joyce será, em definitivo, aquela de um filho de "*joy*" finalmente reconhecido.[31]

Podemos dizer que, para Joyce, em Roma, uma falta o confronta àquilo que um nome opera? Ao menos em seu *passo* (*pas*), em seus efeitos metonímicos de metáfora malograda porque bem-sucedida – efeitos atribuíveis a uma espécie de *avesso da metáfora paterna, que não fez senão passar e, consequentemente, fazer passar o filho*, da maneira que acabamos de ver. *Pois, Dæd-e deed, por transportarem o ato, atestaram a presença da morte como horizonte,* o encontro de um real. E isso com a diferença de uma letra, na *posição* próxima à letra, quando o *æ* de *Dæd* se solta e retorna para chegar a *dead, The Dead,* "os mortos". A partir de então, o falso buraco que *Dædalus* preenchia vai ser substituído por um verdadeiro buraco, simbólico, e o segundo

---

[30] BOSANQUET, Bernard. *A History of Æsthetic* (1892). 2 ed. New York: Macmillan, 1904. p. 51.

[31] Jacques Aubert se apoia na homofonia entre "*fils de joy*" e "*fille de joie*" (prostituta) ao afirmar que a grande virada de Joyce foi, na realidade, ter criado um nome para si, o que lhe proporcionou reconhecimento. (N.T)

tempo de seu ato, com a sua partida de Roma, e o abandono do heterônimo "Dædalus", que de assinatura se torna *character* de *Um retrato do artista quando jovem*, será a condição da passagem para uma outra escrita. O *Dædalus* imaginário, *"sculptural"* (é a palavra mesma, *his sentence, sculptural*, pela qual ele qualifica o seu próprio estilo no primeiro *Um retrato do artista* (1904), outra maneira de demonstrar, ou de trair, sua literalidade), *ganhava vida, enquanto ele tomava corpo, corpo mortal*. É nesse ponto, aliás, que Joyce abandona a referência privilegiada à alma, que caracteriza os seus primeiros textos: essa primeira peça, atualmente perdida e da qual se sabe apenas hoje que ela foi dedicada *"À [minha] alma"*; ou o que parece ter sido o primeiro título de *Chamber Music*, "A viagem da alma"; ou ainda o seu trabalho a partir de Aristóteles, do qual ele faz questão de conservar traços em *Ulisses*. *Ulisses*, ainda e, sobretudo, onde ele nos faz ouvir Stephen ferido pelo efeito de sua mãe sobre a sua alma (p. 11: "Seus olhos opacos do fundo da morte fixados sobre minha alma para agitá-la e curvá-la".)... Com Roma, depois de Roma, Joyce toma distância, essa que lhe permite inscrever "Stephen Dedalus", não mais como o herói estatuificado visado pela primeira versão de *Um retrato do artista, Stephen Hero,* mas como o *character* de seu *Um retrato do artista quando jovem*, ou seja, o retrato, a escrita do próprio corte, traço-por-traço. A partir de então, ou melhor, por essa comemoração, prolongada em *Ulisses*, "Stephen Dedalus" é enterrado.

Com sua certeza, Joyce tocava, colava na estrutura. Essa certeza vai se apagar diante dos *efeitos de assentimento* (antecipado?) e da dimensão cultural dessa lógica, tal como Joyce a descobrira em Newman, e que me parece como uma primeira aproximação do que Lacan definiu como *rememoração*. É assim que, em *Ulisses*, Joyce explora todos os discursos que ele havia começado a identificar em *Dublinenses*, seguindo-os, de certa forma, metonimicamente, em suas menores inflexões.

No máximo, repetirei que essa escrita vai repousar também sobre efeitos de *comicidade* (*"pointe"*). Ou sobre marcas de *acento*, *acento*, última transformação de ascender-assentir [*ascent-assent*] que tudo deve a um *deslizamento de consonância*. Em suas anotações com vistas a um tratado de estética, Joyce atribuíra muita importância à noção de ritmo e à resolução do ritmo. Adianto que o que ele abandona não é o ritmo, mas a perspectiva de sua resolução final em benefício de um deslizamento metonímico de seus acentos. A importância do acento nos texto de Joyce foi frequentemente enfatizada: o acento irlandês contra o acento inglês, o acento de Cork (o pai) contra aquele de Dublin. Acontece a Joyce de caracterizar em *Dublinenses* ou em *Stephen Hero* uma personagem dessa maneira. O interessante é que o processo se tornará uma força de maior grandeza em *Finnegans Wake*, onde o *Witz* e seu gozo se encontram elevados à potência de obra. Essa é uma outra história, ainda.

Claudel: o amor do poeta
François Regnault

Em *Poesia e verdade*, de Goethe, lê-se: "Ora, o vinho tendo acabado, alguém chamou a criada, mas, em seu lugar, entrou uma jovem de rara beleza, e quando a víamos em seu meio, incrível [...]

"– Está faltando vinho, diz alguém; seria muito gentil de sua parte se você fosse buscar algumas garrafas para nós.

"– Vai, Marguerite [Gretchen]! diz um outro. É a dois passos daqui".

Em seguida, se lê: "A partir desse momento, a imagem daquela jovem me perseguiu por todos os lados. Foi a primeira impressão duradoura que uma mulher me causou e, como eu não podia encontrar nem queria procurar um pretexto para ir vê-la em sua casa, por ela fui à igreja, e logo descobri onde ela se assentava, e durante a longa cerimônia protestante, eu não conseguia me cansar de vê-la. Na saída, não ousava lhe dirigir a palavra, menos ainda acompanhá-la, e ficava feliz quando ela me notava e parecia responder à minha saudação com um aceno de cabeça..."

Depois, para ajudar um casal enamorado, ele escreve cartas de um para o outro e, em pensamento, coloca-se no lugar de Marguerite como se ela lhe escrevesse, com a esperança de revê-la. Ele se arranja para formular as perguntas e as respostas: "Quando me lembraram de minha promessa, eu estava pronto; como prometido, não deixei de vir, e vim na hora marcada. Havia apenas um dos jovens em casa. Marguerite estava sentada à janela e tecia...".[1]

Algum tempo depois ele a perderá de vista para sempre.

Compreende-se que *Fausto*, que parece ter saído da Idade Média ou do Renascimento alemão, possa exercer, assim, tão grande fascinação sobre o leitor, chegando às consequências mais populares (a ópera de Gounod!): é porque nada do que é realmente cativante na aventura amorosa de Fausto é inventado. Evidentemente, em seguida Goethe reduziu a jovem à roda de fiar e ao tema da moda — assassina de crianças —, mas a forte impressão produzida pela verdade, a autenticidade do encontro amoroso, da saída da igreja, da roda de fiar, etc., tudo isso vem da vida do poeta.

Visto que minha questão diz respeito ao teatro (deixo de lado o romance, que é facilmente biográfico) —, eu diria que dificilmente encontramos a vida privada de um poeta em uma peça de teatro: enigmas de Shakespeare? Acertos de contas de Molière? Paixões de Racine?

Em Claudel, duas peças relatam, com tratamentos diferentes, uma aventura amorosa que, como todos agora sabem, consumiu sua vida a partir de sua metade: *Partage de midi*, significando o que cabe ao meio (*Nel mezzo del cammin di nostra vita*, ele tinha, de fato, trinta e dois anos), e *Le Soulier de satin*.

Ainda que tudo no sistema mental do poeta e em sua obra já escrita estivesse colocado para que o acontecimento sobreviesse, ainda que a *týkhe* tenha vindo verificar o *autómaton* e como que nele se inscrever, a repetição do episódio real acontece em cada uma dessas duas peças. É disso que vou tratar esta noite.

O homem e a obra: Claudel não deixou de dissimular o segredo daquilo que, a seu ver, devia permanecer protegido e, contraditoriamente, tampouco ele deixou de fazer a

---

[1] GOETHE. *Poésie et vérité*. Tradução de Pierre du Colombier. Paris: Aubier, 1980. p. 111-113.

esse respeito confidências regulares. As *Entrevistas* (*Entretiens*) com Jean Amrouche, intituladas *Mémoires improvisées* (*Memórias improvisadas*) são o exemplo mais claro disso. É o que nessas mesmas *Entrevistas* Claudel chama, aliás, muito precisamente "ao mesmo tempo a publicidade e o mistério: essas duas necessidades provavelmente contraditórias, ou seja, simultâneas".[2]

A posição de Lacan a esse respeito é conhecida: querendo manter "uma neutralidade objetiva", como ele diz, quanto à posição de Sainte-Beuve, ele considera que é preciso deslocar a reviravolta operada por ele "da crítica à condição literária": "A própria obra de Proust confirma que o poeta encontra em sua vida o material de sua mensagem".[3] Poder-se-ia, portanto, afirmar, extrapolando um pouco e a título de hipótese topológica lacaniana inicial que, em certos autores, o lado direito da vida e o lado avesso da obra estão em perfeita continuidade sobre uma superfície unilateral, e que se, mediante um gesto proustiano, um corte da banda de Moebius for efetuado, cada ponto do lado direito corresponderá a um ponto que incidirá sobre o mesmo nome no avesso. Acabamos de ver isso: Marguerite, a saída da missa, a roda de fiar, pontos igualmente duplos em Goethe entre *Poesia e verdade* e o *Fausto*.

(Pode-se até mesmo verificar que a campainha que Swann tocava em Combray ainda ressoa em Illiers com o som que Proust nos faz ouvir silenciosamente em *Em busca do tempo perdido*).

Mas eu disse que reservaria essas reflexões apenas para o teatro.

O sino que toca durante o jantar no navio no final do primeiro ato de *Partage de midi* é o mesmo que Claudel deve ter ouvido no *Ernest-Simons* durante a sua segunda viagem para a China. Sem dúvida, ele deve ter selado algum acordo, alguma conivência entre os futuros amantes; esse sino podia ter como baixo contínuo o coro dos marinheiros que, no final

---

[2] CLAUDEL, Paul. *Mémoires improvisées. Quarante et un entretiens avec Jean Amrouche* (diffusés en 1951-1952). Paris: Gallimard, 1969, 23e entretien, p. 208.

[3] DELAY, Jean. *Jeunesse d'André Gide, t. I.* Paris: Gallimard, 1992. p. 741.

do primeiro ato de *Tristão e Isolda*, de Wagner (que Claudel conhecia admiravelmente bem), sela o pacto da poção fatal entre os amantes.

"Visto do alto", como diria Sganarelle, a história do caso Claudel recebe três ou quatro escansões essenciais, três ou quatro pontos de não-retorno no que ele chamou, não sem a distância complacente de um estilo acadêmico, "os acasos de uma vida agitada": a conversão de 1886, a entrada na Igreja em 1890, a renúncia ao sacerdócio em 1900, o encontro com "aquela mulher" e a relação de mais de quatro anos que decorre daí; depois, a partida, um belo dia, dessa mulher, em 1º de agosto de 1904, a filha natural que nasceu em seguida, a ausência de notícias durante treze anos, o drama da separação e os vinte anos passados sem conseguir se recompor.

Não contarei esses episódios em todos os seus detalhes, pois estão entre os mais conhecidos da história literária francesa do século XX. Gostaria, ao menos, de retraçar os seus momentos.

A conversão na Notre-Dame

Uma verdadeira conversão não se interpreta: é ela que interpreta o convertido e seu resto. Não nos detenhamos nos períodos em que existiram conversões de massa, ou conversões de moda ou de época.

Na época em que Claudel "retornou" a um catolicismo que ele jamais havia verdadeiramente vivenciado, as conversões não eram numerosas, como afirma Gérald Antoine em seu livro *Paul Claudel ou l'Enfer du génie* (*Paul Claudel ou o Inferno do gênio*), que é uma obra-prima. A vida literária francesa conheceu, depois disso, as conversões operadas pelo casal Maritain, de preferência sobre escritores (entre eles alguns homossexuais) fascinados pela beleza da missa. A vida literária contemporânea conhecia, preferencialmente, algumas conversões ao islã que eram, em geral, expiatórias de nossos crimes coloniais. Mais enigmáticas são as conversões ao judaísmo. As conversões ao cristianismo quase não acontecem mais, que eu saiba, nos meios literários, uma vez que a igreja se contenta, muito rapidamente, com o fato de a literatura se limitar a elogiar o papa reinante.

Imaginem que no tempo de Claudel, converter-se, independentemente de ir à missa e de ser praticante, impunha fazer jejum às sextas-feiras, o que significava ser, nesse dia, notado pelas pessoas próximas. Foi praticamente isso que lhe pediu o primeiro padre de Saint-Médard, ao qual ele se endereçou em 1889, e que o fez fugir. Isso foi intolerável para ele: o respeito humano foi considerado por ele como um dos grandes obstáculos à fé, por causa da vergonha que ele suscita em um meio indiferente ou anticlerical, e não é a analistas lacanianos que eu lembrarei do que se trata na vergonha e o quanto o tratamento analítico produz efeitos semelhantes.

O que Claudel chama "uma fissura em meu inferno materialista" talvez seja algo difícil de apreender, uma vez que vivemos o contrário disso, se ouso dizer. Atualmente, um pensador precisaria ter uma coragem equivalente àquela de Renan ou a essa que Claudel precisou ter, na época, para se dizer católico.

Terei, contudo, a irreverência de distinguir, na primeira conversão de Notre-Dame, essa que teve efeito de milagre, o aspecto simbólico ou imaginário (como queiram) do aspecto real.

Uma conversão "verdadeira", como eu disse (alucinatória ou não, pouco importa), é da ordem do real, como os deuses. O sujeito se exprime assim:

"Nasci no dia 06 de agosto de 1868. Minha conversão ocorreu em 25 de dezembro de 1886. Eu tinha, portanto, dezoito anos [...]." Depois, ele evoca o inferno desses anos entediantes e tristes: "Eu vivia, aliás, na imoralidade e, pouco a pouco, caí num estado de desespero".

"Tal era a infeliz criança que, no dia 25 de dezembro de 1886, foi à Notre-Dame de Paris para acompanhar a missa de Natal. Eu estava começando a escrever e me parecia que nas cerimônias católicas, consideradas com um diletantismo superior, encontraria um excitante apropriado e a matéria para alguns exercícios decadentes. Foi nessas disposições que, acotovelado e empurrado pela multidão, assisti, com um prazer medíocre, à grande missa. Depois, não tendo nada de melhor para fazer, voltei para a véspera. As crianças da escola de canto vestidas de branco e os alunos do pequeno seminário de Saint-Nicolas-Chardonnais, que a assistiam, estavam cantando o *Magnificat*, o que fui saber mais tarde. Eu mesmo estava de pé no meio da multidão, perto do segundo pilar, à entrada do coro e à direita da sacristia. Foi então que se produziu o acontecimento que dominou toda a minha vida. Em um instante, meu coração foi tocado e *eu acreditei*. Acreditei com tal força de assentimento, com tal insurreição de todo o meu ser, com uma convicção tão forte, com uma certeza tal que não deixava lugar para nenhuma espécie de dúvida, que, depois disso, todos os livros, todos os pensamentos, todos os acasos de uma vida agitada, não puderam abalar a minha fé nem tocá-la, para dizer a verdade. Tive, de repente, o sentimento pungente da inocência, da terna infância de Deus, uma revelação inefável".[4]

Claudel irá atribuir sua conversão às crianças vestidas de branco da escola de canto: "Vocês sabem o que representou para mim o coro dos coroinhas da Notre-Dame. É a eles que devo minha conversão".[5]

Antes mesmo, talvez, de evocar a Virgem Maria, seria preciso considerar essa identificação como ponto de real, ou melhor, essa visão de um objeto absolutamente singular, embora plural, essa Cantoria assexuada ou própria de meninos, porém pura, de uma pureza em ato, cantando o *Magnificat* e em seguida o *Adeste fideles*.

Assim: "Quanto a mim, foi essa ideia lancinante da pureza, da inocência, da simplicidade perfeita que, no dia de Natal, converteu-me para sempre".

Eis o que se pode dizer do real, que poderíamos chamar: "a eterna infância de Deus". Notemos que foi o Natal, e não a Páscoa,

---

[4] CLAUDEL, Paul. Ma conversion, *Contacts et circonstances*. In: *Œuvres en prose*. Paris: Gallimard, 1965. p. 1008-1010. (Collection Bibliothèque de la Pléiade)

[5] CLAUDEL, Paul, *Lettre à Marie Romain-Rolland*, citée. In: Gérald ANTOINE, *Paul Claudel ou l'Enfer du génie*. Paris: Robert Laffont, 1988. p. 67 (abrégé ci-après en *G.A*).

que converteu Claudel: o Deus criança, não o Deus crucificado e, sem dúvida, a criança sob o olhar da Mãe, a Mãe e a criança – a Virgem me parece ocupar o lugar do Outro nessa história.

Mas, ao mesmo tempo, pois um ponto de basta tão forte assim, no qual uma vida irá doravante se arrimar, não pode deixar de se enlaçar – em alguém que consideraremos de bom grado um grande histérico, e não um psicótico – ao seu estoque de simbólico e de imaginário: o *Magnificat* (esse cântico de ação de graças da Virgem que se encontra em São Lucas) e o *Adeste*, a abertura ao acaso, mas em dois lugares, da Bíblia, após ter voltado para casa.

A partir daí, quatro anos serão necessários para submeter, para enlaçar o imaginário e o simbólico a esse real; quero dizer com isso que Claudel, convertido no real, vai permanecer na errância nos planos simbólico (o pertencimento à Igreja, a prática dos sacramentos) e imaginário (a vocação poética, a desconfiança com relação a todos esses crentes estúpidos e repugnantes, a vergonha).

A Bíblia aberta ao acaso quando ele volta para casa, da mesma forma, produz um enlaçamento:

– no Novo Testamento, ele se depara com os peregrinos de Emaús, que indica, como vocês sabem, a retroação da interpretação, e ele a interpretará como a designação de sua vocação de exegeta;

– no Antigo Testamento, no capítulo VIII do livro da Sabedoria:

"É ela que eu venerei e procurei durante toda a minha juventude;

Esforcei-me para tê-la como esposa

e tornei-me o amante de sua beleza, etc.".[6]

Um cristão, por menos versado que seja nas Escrituras, logo saberá que essa figura da Sabedoria prefigura (para os cristãos) a Virgem Maria e a Igreja.

---

[6] *G.A.*, p. 68.

Quatro anos se passam, na angústia, porque a causa do desejo está aí, bem próxima, e o jovem homem persiste em se afastar dela com todas as suas forças; porque ele pensa, além disso, que o Outro lhe demanda a sua castração e, eventualmente, o sacrifício de sua vocação poética. "Devo dizer que fiz uma bela defesa e que a luta foi leal e completa. [...]. Foi a grande crise de minha existência".[7]

Não ceder sobre o desejo toma, para ele, a forma de uma coexistência sem laço, a forma de um desenlaçamento entre a certeza de que Deus existe como a eterna criança, apesar de todas as dúvidas que o acompanham, mas que vai talvez lhe demandar o sacrifício de seu desejo de poesia (chamo assim, por não poder dizer melhor, a causa de seu desejo, que o fará dizer, assim como suas personagens: "Eu era um homem de desejo"[8] e a escrever *L'Homme et son désir* (*O Homem e seu desejo*), roteiro de balé escrito no Rio de Janeiro em 1917).

Vocês compreenderão que, em nome do real (eu forço um pouco o manejo dessas categorias, cuja articulação não me parece totalmente ineficaz para o meu propósito), Claudel é, desde então, para uma escuta analítica, para nós, um convertido (pouco importa, aliás, o que é ser um convertido); porém, para um espírito progressista como Henri Guillemin, que julga em função de uma igreja honesta, Claudel é uma espécie de mentiroso, porque ele não vai imediatamente se confessar, e isso apesar de toda a afeição que ele tem por Claudel, que ele conhece e questiona.

(O mesmo vale para Péguy, que Guillemin prefere na medida em que pode considerá-lo um homem de esquerda, mas Péguy vive no pecado com uma mulher, com a qual não pensa muito em se casar).

Para Claudel, é preciso entregar-se a uma espécie de cálculo, de aposta em estilo diferente da aposta de Pascal em seu

---

[7] CLAUDEL, Paul. Ma conversion, *Contacts et circonstances*. In: *Œuvres en prose*. Paris: Gallimard, 1965. p. 1011. (Collection Bibliothèque de la Pléiade)

[8] CLAUDEL, P. Partage de midi. In: *Théâtre, t. I*. Paris: Gallimard (Coll. Bibliothèque de la Pléiade), 1965. p.1024.

diálogo com Deus. Não é a aposta na existência de Deus, pois, uma vez ocorrida a prova ontológica pela infância, Deus existe com toda a certeza. Somente um deus desmunido, inocente, puro, pode existir; ora, o Deus do Natal e da Notre-Dame é assim; logo, ele existe. A aposta incide, evidentemente, sobre o sacrifício com o qual será preciso que ele consinta. O que demanda ele? Ir à missa? Isso é fácil! Claudel vai cada vez mais, até chegar a ir todos os dias. Tomar água benta? Suponho que ele também o tenha feito. Resta, certamente, a confissão, ou seja, a renúncia ao pecado. Mas qual? A irreligião, "a ignorância de selvagem", em que ele diz que ele é da religião? Fácil satisfazer. O desespero? A crise? Em princípio, as coisas deviam se arranjar pelo contato com um Deus extraordinariamente criança. Não nos esqueçamos tampouco de que a conversão foi de certa forma preparada, prefaciada pela descoberta, naquele ano, das *Illuminations* (*Iluminações*) e de *Une saison en enfer* (*Uma temporada no inferno*), de Rimbaud. Essas obras o libertaram de Mallarmé, que ele chamou, com desprezo, "Senhor Stéphane Mallarmé, professor do liceu Condorcet".[9] Sobre isso nada se sabe, exceto que Claudel disse: "Eu vivia na imoralidade e pouco a pouco caí num estado de desespero".[10]

A repugnância que ele tem de si mesmo basta, sem dúvida, para que não precisemos imaginar que ele tivesse grandes vícios, grandes depravações ou que fizesse grandes abusos. Não podemos sequer imputar-lhe ligações culposas, exceto um idílio, uma aventura talvez, quando estudante, com uma polonesa que voltou para o seu país (onde foi julgada e enforcada), o que o deixa "virgem ou quase isso" (expressão utilizada por Guillemin), estado que será seguido, depois da conversão de 1890, por dez anos de perfeita castidade, como ele dirá a Massignon. *Avis rara*. É preciso, a meu ver, atribuir grande importância a essa fantasia de pureza que, como vocês podem imaginar, vai bem além da

---

[9] *G.A.*, p. 71.
[10] CLAUDEL, Paul. Ma conversion, *Contacts et circonstances*. In: *Œuvres en prose*. Paris: Gallimard, 1965. p. 1009. (Collection Bibliothèque de la Pléiade)

pudicícia. Penso que, para Claudel, o tabu da virgindade concerne muito mais ao rapaz do que à moça.

Embora Claudel tenha se separado de Mallarmé nesse final de século, aos seus olhos, Mallarmé conseguiu valorizar uma figura positiva, poética da virgindade, realçando tal tabu: o "virgem hoje" do Cygne e o horror de ser virgem de Herodíades. A própria Virgem Maria vindo realizar o que falta a essas figuras pagãs.

Terminada, finalmente, a luta com a vitória do anjo, ou de Deus, Claudel se inclina, e, na noite de Natal de 1890, data simbólica, comunga na Notre Dame após se confessar. Essa repetição da conversão de 1886 se faz no seio da Igreja e, enquanto tal, ela é somente o seu resultado. Mas não seria o caso de ir mais além? É que na ordem do sacrifício, trata-se de experimentar o Outro até o fim, ou seja, até o sacerdócio, o que explica uma estadia em Saint-Martin-de-Ligugé, em 1900, depois da primeira viagem à China. Resta, portanto, o que irá constituir o desafio da aposta: a vocação poética. Deus pediria a renúncia a isso, ou seja, ao que Claudel chama seu desejo? Com o materialismo ambiente e desolador, de fato, Deus não tem sequer que entrar nesse conflito. Mas, com a vocação poética, o drama é absoluto: o Outro pode pedir o sacrifício de meu próprio desejo. O neurótico, diz Lacan, "crê que o Outro demanda a sua castração".[11]

"É provável que se eu tivesse pedido de modo verdadeiramente firme para ficar em Ligugé, teria permanecido lá, mas a coragem me faltou, e esse sacrifício do dom principal que constituía, sem dúvida, minha vocação pessoal, era certamente grande demais para as minhas forças"[12] (Carta a Massignon, 1908).

"... o trágico é que esse apelo a Deus não se traduziu por uma vocação simples; no dia em que tentei fazê-lo, não fui

---

[11] LACAN, Jacques. Subversão do sujeito e dialética do desejo no inconsciente freudiano (1960). In: *Escritos*. Tradução de Vera Avellar Ribeiro. Rio de Janeiro: Zahar, 1998. p. 841.

[12] *G.A.*, p. 74.

claramente repelido e, depois desse dia, tive que me arranjar com esse companheiro falso, imbecil, grotesco, sujo, mentiroso...".[13]

Sobre esse ponto, sigo ainda Gérald Antoine, que dá provas de rara penetração.[14]

Do ponto de vista do real, sem dúvida, em Ligugé, Deus diz não àquele que vem lhe propor seus serviços:

"Duas vezes, em Ligugé e em Lourdes, e de uma maneira mais forte ainda do que a agitação de quatro anos na qual ele me permitiu cair, Deus revelou-me que eu tinha o dever de permanecer no mundo, ele mesmo escolheu e trouxe a esposa (a senhora Claudel) que ele queria para mim".[15]

Mas do ponto de vista imaginário ou simbólico, o sacrifício parece demasiadamente duro. Pelo contrário, as coisas se modificam, de certa forma, pois, o *não* suposto é de ordem fictícia, imaginária; em contrapartida, o desejo de não ser padre, mas poeta, é que, agora, vem fazer função de real diante de uma resposta indecifrável do Outro. A mensagem sob forma invertida (o que Claudel enuncia antes de Lacan desta maneira: "Deus nos fala através das preces que a ele endereçamos") não será, portanto: "Tu és padre por toda a eternidade segundo a ordem de Melchisedech" (para retomar a expressão consagrada), mas "tu serás meu poeta"; não "*Tu es sacerdos in æternum*", mas "*Tu vates eris*", cabe a você restituir-me toda a Criação.

Aliás, Claudel se refere frequentemente a essa categoria de restituição. Assim, temos em sua definição de verso: "O verso composto por uma linha e por um branco é essa ação dupla, essa respiração pela qual o homem absorve a vida e restitui uma fala inteligível".[16]

Mas, ao mesmo tempo, ele corre o risco – ao renunciar a ser padre, ou não tendo dito sim, ou tendo, na verdade, dito

---

[13] Lettre à Marie Romain-Rolland (1943), G.A., p. 74 – confidence plus facile à une femme, sans doute.

[14] G.A., fin du chap. II et début du chap. III, p. 70.

[15] Lettre à Suarès, G.A., p. 141.

[16] CLAUDEL, Paul. Sur le vers français. In : *Œuvres en prose*. Paris: Gallimard, 1965. p. 32. (Collection Bibliothèque de la Pléiade)

não – de se colocar na dimensão de uma existência perdida, de uma vocação falseada, quase de impostura. Trata-se de uma posição diferente do Impostor de Bernanos, pois se Cénabre é um impostor por se passar por padre sem nisso acreditar, a impostura de Claudel consistiria em acreditar-se padre sem ousar sê-lo. Vou ainda mais longe. Não que Claudel não tenha o sentimento de alguma coisa de falso que, mesmo depois de casado, faz com que ele alimente a ideia de que acabará sendo padre: "Apesar de tudo, por mais burlesco que isso possa parecer, tenho uma a impressão de que não terminarei de outro modo a não ser como padre". Ele escreveu isso em 5 de agosto de 1906, quando tinha acabado de se casar, mais precisamente, no dia 15 de março!

Isso explica a alusão feita por Mesa a Ysé em *Partage de midi*:

"Não fui repelido. Mantive-me diante Dele.

Como diante de um homem que nada diz e que não pronuncia uma só palavra [...]

Ora, eu queria tudo dar,

Preciso retomar tudo. Fui embora, preciso voltar ao mesmo lugar [...]

Meu Deus, não espero nada além de vós, que não me quereis mais,

Com um coração ferido e uma força falseada".[17]

Ora, o que aqui ele faz Mesa dizer, ele o faz dizer justamente a Ysé, a essa mulher encontrada no navio. É a ela que ele se endereça desta vez, e não a Deus, que se cala. É a ela que ele submete a sua questão.

Isso conduz-nos, finalmente, à questão anunciada: a questão da mulher. O que eu abro com a pergunta de Lacan, mais do que nunca oportuna: "E por que não interpretar uma face do Outro, a face Deus, como suportada pelo gozo feminino?".[18]

---

[17] CLAUDEL, P. Partage de midi. In: *Théâtre, t. I*. Paris: Gallimard (Coll. Bibliothèque de la Pléiade), 1965. p.1002.

[18] LACAN, Jacques. *O seminário, livro 20: Mais, ainda* (1972-1973). Tradução de M. D. Magno. Rio de Janeiro, 1985. p. 103.

A mulher, enfim

Não é preciso, neste ponto, separar-se de uma irresistível impressão que se tem quando se toma conhecimento – esta é a palavra – da escrita de Claudel: parece que ele acredita n'A mulher, e se A mulher não existe, como aprendemos, então, ele está enganado. Eis o que eu gostaria de examinar.

Quando Pierre Claudel fazia conferências sobre seu pai – trata-se de uma família, vocês sabem, cuja maioria dos membros vive de administrar interminavelmente a glória de Paul ou o destino de Camille – ele dizia, ao chegar ao episódio que ainda chamamos por seu nome de teatro, "o episódio de Ysé", alguma coisa como: "Foi então que meu pai entrou, pela primeira vez, em contato com *a* mulher, que ele encontrou *a* mulher". Isso não tranquilizava ninguém.

No entanto, o enunciado "Claudel encontra A mulher", parece ser, se ouso dizer, uma expressão bem formada.

Citemos novamente Gérald Antoine: "Assim, ela não é *uma* mulher como as outras: ela é, potencialmente, todas as mulheres – em outras palavras, seu papel é de encarnar A mulher".[19] Mas, se o teatro de Claudel é um teatro digno de interesse, é preciso supor que é, justamente, essa função do *a* que lhe importará liquidar.

A mulher toma, portanto, a imagem e semelhança de Rosalie Vetch, polonesa, nascida Rosalia Scibor de Rylska, mulher de Francis Vetch, de quem ela teve seis filhos (restavam-lhe, na época, quatro meninos) que Claudel viu em Fou-Tcheou em agosto de 1899, onde ele era cônsul, e com quem se encontrou novamente no navio, o *Ernest-Simons*, no qual ele embarcou para a sua segunda viagem à China, em 19 outubro de 1900. Ela estava ali com seu marido e com os seus filhos. No relato que fez à sua filha – essa que ela teve com Claudel –, ela, estranhamente calou, omitiu ou esqueceu a presença de seu marido nesse navio. A quarta personagem dessa estrutura sob a forma de quarteto, John W. Lintner, não parece ter estado ali, contrariamente ao

---

[19] *G. A.*, p. 70.

governador Castagné que, provisoriamente, fez as vezes de substituto. Quando Rosalie abandonou Claudel, em 1904, foi de Lintner, encontrado no navio durante a viagem de volta, ou em outro lugar, que ela se tornou amante, e foi, sem dúvida, com ele que ela estava no momento do nascimento de Louise, a filha de Claudel, nascida em 1904 ou 1905; foi com ele que ela se casou e com quem teve um filho. (Ela teve, portanto, ao menos oito filhos, para a maioria dos quais Claudel, generosamente, encontrou empregos depois da aventura).

Temos, então: Ysé, De Ciz, o marido, Mesa, em seguida o amante, Amalric, o segundo marido depois da aventura. Todos esses nomes foram escolhidos por significarem a partilha, a divisão! Quanto a ela, para Claudel seu nome será Rose, e por todos os lugares onde aparecer em sua obra o nome da rosa (*Cantate à trois voix*, *Cent phrases pour l'éventail*, etc.; Ysé, Prouhèze, não são anagramas de Rose?) será preciso saber decifrar o seu signo. Ela se tornou, sem dúvida, sua amante em Fou-Tcheou, ela foi, aliás, morar na casa de Claudel, escancaradamente, com conhecimento de seu marido. A aventura foi, portanto, transposta, ou melhor, transferida, para *Partage de midi*. Quero dizer com isso que é possível localizar com precisão os deslocamentos e as condensações que ele impõe à obra.

Excetuando as correspondências particulares, agora conhecidas, Claudel alude diretamente, em suas *Entrevistas* com Amrouche, a essa aventura, a essa relação que, durante muito tempo, foi silenciada, atenuada ou evocada abstratamente e que encontramos lembrada vagamente em *Claudel par lui-meme*, de Paul-André Lesort – aventura da qual Henri Guillemin se recusa a falar e que pertence, atualmente, ao domínio público e sobre a qual Gérald Antoine deu, finalmente, em 1989, o maior número possível de informações.

Nossa época, marcada por biografias incongruentes, repugnantes, em que qualquer um disputa, com besteiras e abjeções, as obras de Brecht, de Marguerite Duras, etc., ficará, talvez, espantada com o fato de fazermos tanta história em torno do segredo desse cristão, ainda por cima, adúltero, que nem sequer escondeu isso, chegando mesmo a proferir, com certo triunfo, na segunda das *Cinq Grandes Odes* (*Cinco grandes Odes*):

"E eu também encontrei, finalmente, a morte que precisava! Eu conheci essa mulher. Eu conheci o amor da mulher.

"Eu possuí a interdição. Eu conheci essa fonte de sede!".[20]

Na verdade, no que diz respeito a Claudel, não acredito que se trate de puritanismo. Não se trata de revelar, finalmente, a conduta de um grande hipócrita, mas de pousar o olhar sobre algo bastante enigmático, no final das contas: um cristão aparentemente autêntico que se vangloria de seu pecado, que retoma insistentemente o *felix culpa* ("*O felix culpa, quæ talem ac tantum meruit habere redemptorem!*") do *Exsultet* de Páscoa, que até se arranja para colocá-lo em evidência, esse cristão escreve ao menos duas peças inteiras sobre a sua aventura. Dir-se-á que havia as *Confissões* de Santo Agostinho, com todos os relatos de pecadores arrependidos escritos para a edificação das Nações. Mas, aqui, há mais do que isso: é no teatro que o poeta se representa, ele goza disso na qualidade de literário francês (da NRF,[21] não o esqueçamos, por mais que ele possa odiar seus colegas que permaneceram na França continental) e ele constrói, além disso, um fim piedoso para uma aventura que não terminou como ele diz. Ele simula para ela, literalmente, um outro desenlace.

Um cristão que acabou consentindo em ver-se representado no teatro e que não se privava de reviver intensamente o drama dessa ligação quando ele assistia a um ensaio ou a uma representação, que se divertia em fazer comparações entre Edwige Feuillère e seu modelo. Ninguém foi tão longe, no teatro, nessa espécie de exibicionismo, exceto, sem dúvida, Strindberg, mas na psicose. Tchekhov, Sartre, Genet, Beckett, Brecht, quanto pudor, em comparação! O teatro aqui constitui o lugar, a cena específica do caso Claudel.

---

[20] Deuxième des *Cinq Grandes Odes*. In: *Œuvres poétiques*. Paris: Gallimard, 1965, p. 245. (Coll. Bibliothèque de la Pléiade)

[21] NFR: *La Nouvelle Revue Française*, revista literária e de crítica trimestral. (N.T.)

Sobre isso, uma reflexão de Louise Vetch, a filha bastarda de Claudel, a propósito da peça *Le soulier de satin* montada por Antoine Vitez e contada por Jany Gastaldi: ela vê Ludmila Mikaël, que representa Prouhèze, pegando, num segundo, suas malas, e declara, identificando sua mãe com a personagem: "Minha mãe nunca teria segurado assim as suas bagagens!").

Na verdade, Claudel espera, certamente, *a* mulher, mas no lugar exato de *a* mulher, se é *a* mulher que vem, é também *uma* mulher, é também *essa* mulher.

A, uma, essa

A aventura amorosa de Paul Claudel é a paciente e impaciente, fulgurante e lenta, terminável e interminável declinação das funções gramaticais possíveis do artigo definido, do artigo indefinido e do adjetivo demonstrativo.

Os enunciados que se seguem o atestam:

– "Esse gosto pela mulher em mim" (expressão citada de memória), ou ainda:

– "Percebo que, durante vinte anos, depois de *Partage de midi*, não deixei de ter essa surda obsessão pela mulher, é somente agora que não a tenho mais que comecei a orar com o fervor e a simplicidade de uma criancinha".[22]

– "Ele pediu Deus a uma mulher e ela foi capaz de lhe dar, pois não há nada no céu e na terra que o amor não seja capaz de dar!" (A Lua, fazendo a própria Prouhèze falar em *Le soulier de satin*).[23]

– "Por que esta mulher? Por que a mulher, de repente, nesse navio?".[24]

---

[22] Carta a Ève Francis (a atriz que criou Cygne de Coûfontaine de *L'Otage*) do dia 17 de agosto de 1926. In: *G.A.*, p. 104.

[23] CLAUDEL, P. Le Soulier de satin. In: *Théâtre, t. II*, Paris: Gallimard, 1965. p. 780 (final do segundo dia).

[24] CLAUDEL, P. Partage de midi. In: *Théâtre, t. I*. Paris: Gallimard (Coll. Bibliothèque de la Pléiade), 1965. p. 1050 (primeira versão e versão para a cena, Cantique de Mesa).

– Retomada, na última versão de *Partage* (em 1949, aos oitenta e um anos): "Eu pergunto por que esta mulher? Por que esta mulher, de repente com arte no navio, precisamente no momento em que era preciso?

"O que vem ela fazer aqui conosco? Nós precisávamos dela?"[25]

– E na versão para a cena de *O Soulier de satin*: "Eu acuso essa mulher que só apareceu sobre o meu bordo para zombar de mim

"E para me mostrar uma última vez esse rosto que ela decidiu recusar-me para sempre!".[26]

O A genérico

A mulher não existe. *Uma* mulher existe (é a definição de "uma"). *Essa* mulher terá existido (para mim). É o que revela o *Seminário Mais, ainda*, que é de 1972-1973, e *Televisão*, que é de 1974. *A* mulher não existe, ao menos, desde 1973.

Porém, uma observação se impõe: não é claro que o enunciado de Lacan "*A* mulher não existe" sature, em sua formulação, todo o uso do artigo definido. Acontece a Lacan de dizer *a* mulher sem barrá-la, não que *a* mulher, no sentido em que ele diz que ela não existe, possa, ainda assim existir. Não. Ainda que, certamente, o homem possa querê-*la*, e acreditar, com isso, que ele *a* faz existir. O que visa Lacan é o *A* que seria todo. O que é esse uso do artigo?

Farei referência a uma análise do artigo definido que extraio da obra de Jean-Claude Milner, *De la syntaxe à l'interprétation* (*Da sintaxe à interpretação*), que acredito quase não ter sido utilizada para tratar desse tema.[27]

Milner lembra que as "gramáticas usuais classificam os empregos do que elas chamam artigos, em empregos genéricos e empregos não genéricos:

---

[25] CLAUDEL, P. Partage de midi. In: *Théâtre, t. I*. Paris: Gallimard (Coll. Bibliothèque de la Pléiade), 1965. p. 1218.

[26] CLAUDEL, P. Le Soulier de satin. In: *Théâtre, t. II*, Paris: Gallimard, 1965 (versão para a cena, segunda parte, cena IX).

[27] MILNER, Jean-Claude. Sur la morphologie de quelques déterminants nominaux. In: *De la syntaxe à l'interprétation*. Paris: Le Seuil, 1978. p. 23 e seguintes.

"1. Empregos *genéricos*: aparece aí essencialmente *o* [*a*]
[A responsabilidade dos exemplos é minha, com todos os erros que podem daí decorrer.]
"'*O* cavalo é um equídeo'.
"'*A* égua é a fêmea do cavalo'".
Ele acrescenta:
"Com uma interpretação análoga, ainda que diferente: *um* e *os* existem também:
"'*Um* cavalo é um equídeo, diferentemente do cachorro'.
"'*Os* cavalos são equídeos'".
Confesso ter ficado muito tempo perturbado por um uso do pronome definido que se encontra em *La Ville*, de Claudel (final do primeiro ato da primeira versão):
"Até que o sol escarlate
Se ponha na hora preferida do cavalo dos trinta e quatro flancos".
[*Jusqu'à ce que le soleil couleur de foie*
Aille sous terre, à l'heure qui est aimeé du cheval aux trente--quatre côtes].

Eu pensava que esse *o* ("do" = "de o") designava um cavalo célebre devido a essa anomalia, um cavalo mitológico, em suma – como dizemos: o cachorro de três cabeças, que é Cérbero – até que entendi, por uma luz, que o cavalo com *o* genérico tem justamente trinta e quatro flancos. Tanto é verdade que Claudel gostava de jogar com artigos.
"2. empregos *não genéricos*:
"a) emprego definido: é o papel específico de *o, a, os, as*. Distinguem-se duas formas:
" – artigo definido *anafórico*: o artigo remete a um seguimento já mencionado.
"'Eu tenho um cavalo e uma égua. O cavalo é um alazão, mas *a* égua é baia'.
" – artigo definido *catafórico*: o artigo anuncia uma proposição subordinada relativa ou um genitivo:
"'Eu amei um cavalo. Quem era?'(Saint John Perse); 'O cavalo que eu amei'; 'O cavalo de Aga Khan'."

Nenhum problema com os usos não genéricos de *a mulher*:

"Havia no navio um homem e uma mulher. *A* mulher tinha um *rocking-chair*" (anafórico).

"*A* mulher que está em minha cama, há muito tempo não tem mais vinte anos" (catafórico).

"*A* mulher do padeiro" (catafórico).

"*A* mulher de César não deve sequer ser suspeitada" já coloca alguns problemas: trata-se *desta* mulher de César, essa que ele pensa em repudiar porque Clodius esteve com ela na Villa dei Misteri, ou de toda mulher de César, que dever ser irrepreensível (*cf.* "*A* mulher de Bill Clinton não quer testemunhar contra seu marido" *vs* "A mulher do Presidente dos Estados Unidos é a única a não querer testemunhar contra seu marido").

O uso genérico permanece, portanto, o seguinte:
"*O* homem e *a* mulher";
"*O* palácio d'*a* mulher";
"*A* mulher sob sua saia, de seu lindo frufru" (canção conhecida).

Segundo Lacan, o problema incide, evidentemente, sobre o uso *genérico*:

"*A* mulher é o futuro do homem". É esse *A* que ele barra, mas, atenção, é preciso que ele o coloque antes de barrá-lo, e para barrá-lo.

O primeiro texto claro a esse respeito é o do O *Seminário, livro 20, Mais, ainda*, capítulo VI:

"Quando escrevo, $\overline{\forall x}\, \Phi x$ esta função inédita na qual a negação cai sobre o quantificador a ser lido *não-todo*, isso quer dizer que quando um ser falante qualquer se alinha sob a bandeira das mulheres, isto se dá a partir de que ele se funda por ser não-todo a se situar na função fálica. É isto o que define a... a o quê? – a mulher justamente, só que *A* mulher, isso só se pode escrever barrando-se o *A*. Não há *A* mulher, pois – já arrisquei o termo, e por que olharia eu para isso duas vezes? – por sua essência ela não é toda. [...] É um significante, este *a*. É por esse *a* que eu simbolizo o significante cujo lugar é indispensável marcar, que não pode ser deixado vazio. Essa *a* artigo é um significante do qual é próprio ser o único que não pode significar nada, e somente por fundar o estatuto d'*a* mulher no que ela não é toda. O que não nos permite falar de *A* mulher.[28]

A maiúscula *A* indica, portanto, não a alegorização de um significante, como "A República", "A Morte", "A Esperança", "Hércules entre O Vício e A Virtude", mas simplesmente o uso genérico. O que Lacan designa exatamente como "o artigo definido para designar o universal". Ora, se seguimos a sua elaboração, veremos que são as fórmulas da sexuação e, portanto, a negação do $\forall$, do quantificador universal, que o obriga a não escrever *A* mulher em geral, a não dizê-lo, a barrar o *A*. É somente em seguida que a negação do quantificador existencial leva-o a dizer que não somente o todo não pode se aplicar à mulher em geral: a mulher é não-toda, mas, não mais a nenhuma mulher em particular: nenhuma mulher é toda. E, consequentemente, uma mulher é não-toda (barraríamos, portanto, esse *uma* se verificássemos que ele equivale a um *a*) e, da mesma forma, essa mulher é não-toda (*pas-toute*), visto que nenhuma mulher é toda.

Mas a que clínica isso corresponde? De que clínica Lacan estabelece aqui a lógica e também a gramática?

Ele a estabelece a partir da seguinte verdade. Lembro a passagem de *Televisão*:

"Será possível dizer, por exemplo, que quando O homem quer *A* mulher, ele só a alcança ao encalhar no campo da perversão? É o que se formula a partir da experiência instituída pelo discurso psicanalítico. Se isso se confirmar, acaso será ensinável a todo o mundo, isto é, será científico, já que a ciência abriu caminho partindo desse postulado?

---

[28] LACAN, Jacques. *O seminário, livro 20: Mais, ainda* (1972-1973). Tradução de M. D. Magno). Rio de Janeiro: Zahar, 1985. p. 98-99.

"Digo que sim, ainda mais que, como desejava Renan para 'o futuro da ciência', isso não tem importância, já que *A* mulher não ex-siste. Mas o fato de não ex-sistir não impede que se faça dela o objeto do desejo. Muito pelo contrário, daí o resultado".[29]

É exatamente o caso de Claudel.
"Com o que *O* homem, enganando-se, encontra *uma* mulher com quem tudo dá certo".
É ainda o caso de Claudel.
"Ou seja, comumente, o fiasco em que consiste o sucesso do ato sexual".
Continua sendo o caso de Claudel.
"Os atores são capazes dos mais altos feitos nesse campo, como sabemos pelo teatro".
É, e como é, o caso de Claudel!
A tal ponto que poderíamos dizer que esse texto é uma alusão a Claudel. Mas, não é. Basta que haja drama de amor ou comédia de amor no teatro para que tudo isso se verifique.

A propósito do homem, Mesa declara, no início, a Ysé: "Eu abandonei os homens", e Ysé retorquiu-lhe imediatamente:
"Bah!
"Você levou consigo toda a coleção".[30]
Pois bem! Toda a questão está aí: Ysé leva com ela toda a coleção das mulheres, ainda que ela diga: "Todos os seres que há em mim". Seria ela *a* mulher?

Milner se interroga sobre a função do emprego genérico na interpretação do grupo (nominal, por exemplo) que ele introduz. Em geral, diz ele, os linguistas recorrem à lógica. E, no nosso caso, é claro que é a lógica do todo e do não-todo que leva Lacan a barrar o *A* diante de *A* mulher (da mesma forma

---

[29] LACAN, Jacques. Televisão (1974). In: *Outros escritos*. Tradução de Vera Avellar Ribeiro. Rio de Janeiro: Zahar, 2003. p. 535-536.
[30] CLAUDEL, P. Partage de midi. In: *Théâtre, t. I*. Paris: Gallimard (Coll. Bibliothèque de la Pléiade), 1965. p. 999.

que substitui a gramática da fantasia, segundo Freud, por uma lógica da fantasia). Mas o problema é que os lógicos, afirma Milner, quase não se interessam pelo emprego genérico. Eles o reduziram ao artigo definido ("*o* cavalo que eu monto", e não "*o* cavalo, a mais nobre conquista do homem"). Impõe-se, então, a interpretação semântica desse *o*.

Milner começa por observar que uma unidade lexical fora do emprego não mantém, em princípio, nenhuma relação com um segmento qualquer de realidade, que seria o seu referente. Assim, *égua*, definida como fêmea do cavalo, não designa nenhuma égua da natureza. Todas, certamente, mas nenhuma em particular. E, no entanto, essa unidade lexical, "já determina, diz ele, o tipo dos segmentos de realidade possível que podem ou não, mediante um ato de enunciação [é o "que se diga", de Lacan], ser designados por ela. [...]. Encontra-se associado a essa unidade lexical, a esse "nome", um conjunto de condições, imposto previamente a todo segmento de realidade possível, e que este último deve satisfazer para que haja referência". Esse é o sentido da unidade lexical.

Assim, *égua* designa um ser animado, designável, definível, distinguível na natureza, etc., entre os objetos, os seres inanimados, os animados, minerais, vegetais, animais, equídeos, cavalos, fêmeas, etc.

Ora, geralmente, separamos o sentido e o referente. [É o que se aprende desde que se é introduzido na obra de Saussure]. Se bem que, como mostra Milner, "o sentido de uma unidade lexical não subsiste, como simplesmente cognoscível, senão pela relação que ele mantém com o conjunto dos segmentos de realidade possíveis, cujo tipo ele define". Em outras palavras, nosso conhecimento das éguas reais dá sentido à palavra que utilizamos a respeito delas. A ponto que, no curso da história da humanidade (para seguir o exemplo de Rousseau do *Discurso sobre a origem das línguas*), esse animal foi inicialmente chamado, por alguns primitivos, grande carneiro, grande ovelha, grande cabra, antes que, com a ajuda do pensamento selvagem e a domesticação, as éguas reais tivessem ensinado à humanidade o que o nome delas designava. Hoje o sentido lexical poderia até mesmo ser enriquecido com uma definição cromossômica, até então inédita.

Milner introduz também os conceitos de referência virtual para designar o sentido, e de referência atual para designar a designação. (Diremos que a virtual permanece no dicionário e que a real é associada a um grupo nominal).

Desse ponto de vista, *mulher* deve obedecer ao mesmo sistema que *égua*: "Ser humano do sexo que concebe e coloca no mundo as crianças", diz, por exemplo, *Le Petit Robert*, definição bastante sutil e, em certo sentido, circular (*a* mulher é do sexo da mãe: qual é esse sexo? O sexo feminino!). Toda mulher, todas as mulheres das quais falaremos serão referência atual dessa definição virtual.

Isso não é tudo, pois Milner observa, todavia, que "o nome no emprego genérico não se confunde com a unidade lexical fora do emprego". "A égua" em uma frase genérica assim como "a égua é a fêmea do cavalo", não se confunde com "égua" no dicionário. Há somente coincidência entre uma e outra na medida em que tudo o que poderei aprender de atualmente válido sobre a égua existente poderá entrar no *sentido* da égua virtual do dicionário.

A diferença entre as duas é a *marca*.

Essa coincidência revela que o emprego genérico não é senão um marcador, que indica, justamente, a passagem da referência virtual à referência atual. O emprego genérico indica, portanto, a capacidade "seleccional" do nome (a égua), e se a seleção não ocorre, ou ainda, se *menciono* o termo sem fazer *uso* dele, então, o genérico não aparece; assim é nas citações e nas locuções adjetivais, diz ele.

Citação: "égua". Direi, por exemplo: "égua designa a fêmea do cavalo" (preferencialmente a "a égua...").

Locução adjetival: "de ferro, de madeira", ainda que eu possa dizer, selecionando: "a madeira é uma matéria vegetal. Etc."

Enunciarei a hipótese de que a operação efetuada por Lacan, que consiste em estabelecer o genérico *A* para em seguida barrá-lo diante da unidade lexical "mulher", equivale a romper, *a barrar toda coincidência possível entre a referência virtual e a referência atual*.

Sejamos claros: "mulher" em um sentido não psicanalítico, não lacaniano, não "sexual", preserva os mesmos direitos que qualquer unidade lexical, mas, no sentido em que Lacan escreve, segundo as suas fórmulas lógicas da sexuação, esse x ao qual se atribui o significante mulher, parece que a referência virtual se vê separada de toda referência atual possível, visto que, justamente, a lógica lhe recusa a noção mesma de "todo referente possível". A referência virtual "mulher" só pode, a partir de então, ser utilizada com o artigo definido anafórico ou catafórico, e evidentemente, com o artigo indefinido:

– "*A* mulher da frente", "é *a* mulher que eu encontrei", "é *uma* mulher que ele encontrou", etc.;

– mas não com o genérico, exceto barrando-o imediatamente em seguida, ou seja, no instante seguinte após tê-lo escrito.

O nome "mulher" não tem, de forma alguma, a mesma extensão que o genérico: o sentido do significante "mulher" fora do contexto designa exatamente algum sujeito possível da sexuação feminina, até mesmo em sujeito que tenha uma sexualidade feminina, mas sua extensão não pode ser percorrida: *a* mulher, toda mulher, todas as mulheres. O predicado "mulher" ("mulher" como predicado: "é uma mulher") é, então, muito especial, visto que ele só pode ser aplicado a um sujeito diferente a cada vez, o que Lacan chama tomar as mulheres (multiplicidade inconsistente) uma a uma.

A propósito do plural, observaremos esta réplica de Marthe em *L'Échange*:

"*Marthe*: Você me ama, Laine?
Louis Laine: Sempre esta pergunta que as mulheres fazem!
Marthe: As mulheres? Quais mulheres?
Luis Laine: Você não é uma mulher também?"
Marthe: Uma mulher também? Não há mulheres!"[31]

Mas aqui ela nega o plural para manter o singular.

---

[31] CLAUDEL, Paul. L'Échange. In: *Théâtre, t. I*. Paris: Gallimard (Coll. Bibliothèque de la Pléiade), 1965. p. 664 (primeira versão, ato I).

Se acontecesse de a rasura do *A* recair sobre a unidade lexical, isso não chegaria a ponto de mulher não ter sentido algum. A psicanálise mantém a ideia de que há, efetivamente, um Édipo específico da menina (ou, pelo menos, que o Complexo de Édipo sucede ao Complexo de Castração), mas transforma a questão freudiana, que tem um sentido: *Was will das Weib*, na questão lacaniana, que tem um sentido diverso: "O que quer uma mulher?" – com a condição de percebermos que essa modificação poderia muito bem nada mudar, na medida em que o artigo indefinido funciona aqui como um genérico! (Caso previsto por Milner. Assim: "Um vizinho sabe tudo". Mais difícil: "Uma mulher é uma mulher!").

Mas a rasura não deve chegar a barrar o próprio significante, levando à conclusão, como faz um jornal italiano ao citar Lacan, que se *A* mulher não existe, tampouco as mulheres existem (*le donne*), e que, portanto, "mulher" tem o mesmo sentido que "unicórnio". Pois, se eu digo "o unicórnio não existe", vocês entenderão que *os* unicórnios tampouco existem, salvo na ficção. Da mesma forma, apesar das aparências, a rasura não incide senão sobre o *A*.

Podemos, assim, ser levados a três ou quatro posições, ou soluções gramaticais, sobre a questão-mulher:

1. "Mulher" é desprovida de sentido. É a palavra que não tem sentido algum e, portanto, dela nada se pode dizer, mulher misteriosa, inatingível, insensata. Teologia feminista negativa, da qual não se esperou o feminismo (mas, quando este último começou? Ao menos desde Aristófanes) para encontrá-la. A literatura está repleta disso. A mulher é louca, toda mulher é louca, *"Quase sempre mulher varia, bem louco é quem nela se fia"* (*"Souvent femme varie, bien fol qui s'y fie"*), etc.

2. Mas "mulher" pode também, barrada de seu *A* genérico, ter uso apenas citacional: "mulher" não é senão a menção de seu nome, todo uso dele sendo impossível. Barra-se, portanto, o *A* que a precede simplesmente para assinalar, como se esse *A* tivesse função de aspas, que a frase "A mulher não existe" significa exatamente "o que dizemos *a* mulher não existe", ou

seja, "A 'dita mulher' não existe". Encontramos o enunciado de Lacan sob a forma "a difamamos" (*on la diffâme*): "Para que a alma consiga ser, a gente a diferencia, dela, da mulher, desde a origem. A gente a *dif... ama*, a gente a *diz fama*. O que de mais famoso, na história, restou das mulheres é, propriamente falando, o que delas se pode dizer de infamante".[32] Desde que falamos dela, só podemos difamá-la: *a famosa mulher* fonte de todos os males! A mulher fatal! Encontraremos ecos disso em Claudel.

3. Ou então ficaremos restritos à locução adjetival *de ferro, de madeira, de mulher*; não se poderá dizer senão: perfume de mulher, esse gosto de mulher, ou a passagem do genitivo ao partitivo; há algo *da mulher* no homem (banalidade sobre a bissexualidade), como se diz *do pão* ou *do mel*.

Não há *A* mulher, há somente [algo] *da* mulher.

Como em Claudel: "esse gosto da mulher em mim", com o equívoco: "esse gosto que eu sinto pela mulher" ou "esse gosto de mulher que eu libero quando me cheiram" (uma espécie de empuxo à mulher que encontramos frequentemente em sua obra. Cabeça de ouro de Cebes: "Criança, mulher, irmão, companheiro, todo homem! Eu e você!"[33]).

4. Mas há ainda uma solução que consiste em transformar o genérico em singular: *A* mulher no sentido em que não há senão uma. Acredito, aliás, que esse é um dos sentidos correntes [usados] pelos lacanianos: o homem que deseja *A* mulher será aquele que crê que só existe uma mulher, *A* por excelência,

---

[32] LACAN, Jacques. *O seminário, livro 20: Mais, ainda* (1972-1973). Rio de Janeiro: Zahar, 1985, p. 114-115. A versão brasileira de M. D. Magno, acima reproduzida, é uma espécie de transcriação. A citação no original é a seguinte: "Pour que l'âme trouve à être, on l'en différencie, elle, la femme, et ça d'origine. On la *dit-femme*, on la *diffâme*. Ce qui de plus fameux dans l'histoire est resté des femmes, c'est à proprement parler ce qu'on peut en dire d'infamant", p. 79 da versão francesa. Vale ressaltar que, em francês, "on la diffâme" ("a gente a difama") é homófono à "on la dit femme" ("a gente a diz mulher").

[33] CLAUDEL, Paul. Tetê d'or. In: *Théâtre, t. I.* Paris: Gallimard (Coll. Bibliothèque de la Pléiade). 1965, p. 86.

A Dama do amor cortês. Eu considero, contudo, que é apenas uma versão (a perversão) do enunciado "A mulher (em geral) não existe", "só existe uma, existe somente Minha Dama". É claro que vai nesse sentido a interpretação que daremos de certos dados mitológicos e religiosos dizendo respeito, por exemplo, às deusas: a Deusa Mãe, Cibele, a Diana do *Banho de Diana*, de Klossowski, a "madona dos *sleepings*", mas, evidentemente, também, a Virgem Maria do romantismo alemão, em Novalis, no final de *Fausto*, de Goethe, e talvez em certos momentos, em Claudel.

[Doctor Marianus]
[...]
Jungfrau, Mutter, Königin,
Göttin, bleibe gnädig!

[Chorus Mysticus]

Alles Vergängliche
ist nur ein Gleichnis;
das Unzulängliche,
Hier wird's Ereignis;
Das Unbeschreibliche,
Hier ist's getan;
Das Ewig-Weibliche
Zieth uns hinan[34]

[Doctor Marianus]
[...]
Virgem mãe, Regina celeste,
Deusa, a velar por nós, propícia.

[Chorus Mysticus]

O perecível
É apenas símile.
O imperfectível
Perfaz-se enfim.
O não-dizível
Culmina aqui.
O Eterno-Feminino
Acena, céu-acima.[35]

---

[34] GOETHE. *Faust* (final do segundo ato). Paris: Aubier-Montaigne, 1984 (Tradução francesa de Henri Lichtenberger: "Vierge, Mère, Reine, / Déesse, reste-nous propice! / Tout ce qui passe / n'est que symbole; / L'Imparfait / ici trouve achèvement; / L'Ineffable / Ici devient acte; / L'Éternel-Féminin / Nous entraîne en haut".

[35] Tradução brasileira de Haroldo de Campos. CAMPOS, H. *Deus e o Diabo no Fausto de Goethe:* marginália fáustica: leitura do poema, acompanhada da transcrição em português das duas cenas finais da segunda parte. São Paulo: Perspectiva, 1981. p. 63-65. (N.T.)

Mesmo sem ter todos os elementos para uma análise mais fina de *Fausto*, é possível sustentar que o sentido é: sim, aqui, *a* mulher existe, e ela é absolutamente toda – ao preço de certa neutralidade: *das Ewig-Weibliche* (o eterno feminino).

Concluamos, sem mais esperar, um ponto no que diz respeito a Claudel: consideramos que a tríplice identificação, a trindade claudeliana já encontrada da Virgem Maria, da sabedoria do Antigo Testamento e da Igreja, eleva *A* mulher a paradigma: *A* mulher existe, eu a encontrei na Notre-Dame e ela fará, para mim, as vezes de mulher durante o longo exercício de minha castidade. Posição, em certo sentido, do amor cortês, medieval, etc. Foi o encontro com uma mulher no navio que o libertou dessa crença em *A* mulher alegórica.

Devemos observar, contudo, que o cristianismo não é nem uma religião primitiva, nem um evemerismo, nem uma doutrina romântica: a teoria dos quatro sentidos das Escrituras está justamente aí para diferenciar; uma vez que dissemos que a sabedoria prefigura a Virgem que simboliza a Igreja, etc., a distinção entre sentido alegórico e sentido literal tem como resultado essencial não confundi-los; a Virgem não é *literalmente* a Sabedoria, e ela não é *literalmente* a Igreja. O Cristo não é o mesmo que Moisés.

(O mesmo pode ser dito de Beatriz, na *Divina Comédia*, de quem Gilson mostra que, diferentemente da Rosa do *Romance da Rosa* e de alguns símbolos ou alegorias que certos especialistas de Dante lhe atribuem, ela é uma mulher real, e não *A* mulher).

O problema é, então, o seguinte: se Claudel encontrou "a" mulher, *essa* do navio, nem por isso ele deixa de acreditar na intercessão da Virgem ou na revelação da Sabedoria ou na Igreja, e ele não toma Ysé por elas. Ele não é desses jovens católicos que deixam de crer depois da primeira experiência sexual (a primeira comunhão era a antecâmara da perda da virgindade, assim como o alistamento militar era a antecâmara do bordel).

Mas, inicialmente, ele acredita ter encontrado, além ou aquém dessa mulher no navio, que o arrasta para a perdição, *a* mulher, no sentido maléfico. Trarei um exemplo que não engana. Temos, na primeira versão de *Partage de midi*,[36] a seguinte passagem:

"Por que esta mulher? Por que a mulher, de repente, neste navio?"

E, mais adiante:

"Isso é obra da mulher, que ela a guarde para si, quanto a mim, vou para outro lugar".

Aqui não se trata da Virgem Maria! É a grande prostituta do Apocalipse, a Besta, etc. Na verdade, mediante a expressão *a mulher*, tomada da maneira mais devota, como não ouvir naqueles que a utilizam, esse ódio profundo, racial, do que Lacan pôde chamar, no final de sua vida, "a outra espécie", raiz da misoginia eterna (por oposição à expressão que ele chegou a usar na intimidade: "aqueles animais"). É a versão da entrada do pecado no mundo pela mulher, que perdura na crença comum que esquece, no entanto, que segundo a santa doutrina, foi por Adão que todos pecaram, e não por Eva (ao ponto que São Tomás, que não era misógino, se pergunta se Eva tendo pecado sem que Adão tivesse pecado – se, por exemplo, ela o tivesse feito ingurgitar a fruta proibida durante o sono –, o pecado original teria entrado no mundo, ao que ele responde: "Mas, o que estou dizendo?!", e demonstra que não).

Como não ver que a fórmula de Lacan "A mulher não existe" quis também colocar um termo nessa raiz da misoginia que encontramos em invenções como: "O Dia *dA* Mulher", o único no ano, simbólico, porque o macho tem medo de que a mulher lhe peça a sua castração!

Como não ver, de modo mais geral, que no *palais de la Femme* ("palácio da Mulher"), caro ao Exército da Salvação (que ainda se encontra na rua de Charonne, em Paris), é *a mulher* que vai, finalmente, ser salva, trabalhando para os pobres, e que vestindo-as com o famoso boné do Exercido da Salvação,

---

[36] CLAUDEL, P. Partage de midi (Cantique de Mesa) In: *Théâtre, t. I.* Paris: Gallimard, 1965. p. 1050. (Coll. Bibliothèque de la Pléiade)

ela será impedida de ser a prostituta que, fundamentalmente, ela não deixou de ser?

Como não ver que na expressão (progressista) utilizada por Aragon, "A mulher é o futuro do homem", o poeta nos confessa que Elsa deixará de ser a dama de um cavalheiro fortemente homossexual da sociedade burguesa, para se tornar o outro nome do Partido na sociedade enfim sem classes!

Casamento e predestinação

Diremos que Ysé ensinou a Mesa a deixar de querer a mulher, a fazê-lo encalhar na perversão (sem dúvida, se formos nomear uma, seria o sadomasoquismo ou o exibicionismo-voyeurismo), mesmo se o objetivo a ser atingido é, desde a primeira versão, enunciado sob a forma de uma libertação com relação a esse sadomasoquismo:
"Ei-la finalmente consumada
A vitória do homem sobre a mulher e a possessão mútua
Do egoísmo e do ciúme".[37]

Mas é igualmente claro que a crença *na* mulher pôde tomar, em Claudel, a singularíssima forma alegórica – que encontramos fortemente declarada em sua poesia e consideravelmente atenuada em seus textos em prosa ou confidências, até mesmo tratada com humor – de uma teologia da predestinação entre um homem e uma mulher, portanto, entre *este* homem e *esta* mulher, e, mais além disso, a título de fantasia, entre o homem (mas um único valor satura, então, essa função) e *a* mulher (e um único valor satura também essa outra função). Por essa razão, ao abordar esse ponto, seu teatro leva ao apogeu a tradição que vai do amor cortês ao teatro clássico francês, o qual é uma dramaturgia do casal e de nada mais. É o que Claudel chama o re-conhecimento (de si no e pelo outro), reconhecimento do parceiro que estava, desde sempre, predestinado por Deus.

---

[37] CLAUDEL, P. Partage de midi (Cantique de Mesa) In: *Théâtre, t. I.* Paris: Gallimard, 1965, p. 1055. (Coll. Bibliothèque de la Pléiade)

(Contam uma fala de Claudel à sua mulher na época do casamento; pois, uma vez que *esta* mulher, Rose, o deixou, seu dever de cristão sinalizou-lhe a ordem imperiosa de não ficar sozinho – "não é bom que o homem fique só", segundo a lição do livro do Gênesis. Assim, ele foi, imediatamente, pedir em casamento a mãe de seus futuros filhos, em outras palavras, aquela que, como diria Lacan, "o popular chama de a burguesa",[38] a senhora Claudel, com uma espécie de precipitação de hussardo: "Vê-se, escreve Claudel à sua cunhada no dia 12 de agosto de 1906, que vocês não estão tranquilos com relação ao senhor que apareceu em sua família numa bela manhã, após um noivado tão curto quanto agitado, raptando um de seus membros e levando-o para longe".[39] Claudel teria dito que ela seria sua mulher na terra, mas que, no céu, o lugar já estava ocupado. Frase espirituosa tanto mais significativa caso seja falsa, legendária).

Não há, portanto, na tradição cristã – acredito que procuraríamos em vão – a menor base sobre a qual apoiar uma tese tão estapafúrdia, exceto recorrendo à fatalidade de *L'amour et l'occident* (*O amor e o ocidente*). Lembremos, inicialmente, do Evangelho, em que os saduceus submetem Cristo à questão de saber, no caso de uma mulher que se casou sucessivamente com sete irmãos, mortos uns após os outros, de quem seria ela mulher por ocasião da Ressurreição (na qual os saduceus não acreditavam, visto que só consideravam o Pentateuco). Cristo responde: "Os filhos deste mundo casam-se e dão-se em casamento; mas os que forem julgados dignos de ter parte no outro mundo e na ressurreição dos mortos, nem eles se casam, nem elas se dão em casamento; pois nem mesmo podem morrer: são semelhantes aos anjos, e são filhos de Deus, sendo filhos da ressurreição" (Lucas, 20, 27).[40]

---

[38] LACAN, Jacques. *O seminário, livro 20: Mais ainda* (1972-1973). Tradução de M. D. Magno). Rio de Janeiro: Zahar, 1985. p. 99.

[39] *G.A.*, P. 142.

[40] Evangelho de São Lucas (20, 27). In: *A Bíblia de Jerusalém (Novo Testamento)*. São Paulo: Paulinas, 1975. p. 213. (N.T.)

Claudel levou para a China, seguindo o conselho de seu confessor, as duas Sumas de São Tomás de Aquino (esse Doutor havia sido proclamado patrono das universidades católicas por Leão XIII, em 1880, e Pio XI o homenageou como mestre dos intelectuais, em 1923), e sua glória (cujos efeitos ainda encontramos em Joyce e em Lacan) vinha ao menos daí. Ora, apesar de minha rápida investigação, não me parece que São Tomás aborde o problema de uma predestinação qualquer entre um homem e uma mulher. Certamente, o casamento é indissolúvel, mas a morte o dissolve, *a fortiori*, quando não há casamento! São Tomás raramente se coloca a questão de saber *"utrum omnes resurgent in eadem aetate"*, e ele responde que todos ressuscitarão *"in juvenili aetate"*, et *"utrum omnes resurgent in sexu virili"*[41], e que é melhor dizer que cada um dos dois sexos ressuscitará, mas que, "ainda que haja uma diferença de sexos, faltará a confusão que resulta da visão do outro sexo, pois faltará a *libido* que incita às ações vergonhosas".[42]

(Cheguei mesmo a ler, mas não encontrei a passagem – talvez eu tenha sonhado – segundo a qual, como os corpos estarão nus, os órgãos sexuais servirão apenas de ornamento [*ad ornamentum*]).

Acontece a Claudel, que conserva com ele a crença secreta na predestinação sexuada, de tentar atribuí-la ao Deus Cristão, sem ter disso outra prova que uma amorosa intuição.

"E a maneira essencial, justamente, de se conhecer é o amor. Diríamos que Deus quis que a chave de nossa pessoa, essa chave essencial que procuramos por todos os lados sem conseguir

---

[41] A passagem pode ser traduzida da seguinte maneira : "São Tomás raramente se coloca a questão de saber *'se todos ressuscitarão com a mesma idade'*, e ele responde que todos ressuscitarão *'na idade da juventude'* e *'se todos ressuscitarão do sexo masculino'*". (N.T.)

[42] TOMÁS DE AQUINO. *Somme théologique*, IIIa pars, *Supplementum*, Q; LXXX, 1 et LXXX, 3 (Tradução da passagem citada: François Regnault). A parte da *Suma teológica* dedicada a essas questões, que se encontra no final, não é de São Tomás de Aquino; trata-se de uma compilação feita após sua morte por seus discípulos, Reginald de Piperno, entre outros, de respostas dadas por ele em outros lugares. Lembramos aqui a alusão que Lacan faz à história segundo a qual, incapaz de terminar essa Suma, São Tomás, já moribundo, considera toda a sua obra *sicut palea*, como palha.

encontrar, acontece, algumas vezes, de sentirmos de maneira irrefutável, sem que possamos dizer o contrário, que ela se encontra em outra pessoa, ainda que não possamos compreendê-lo".

A separação é, portanto, necessária, mas acontece também a Claudel de buscar o seu fundamento em Platão, o que é o cúmulo!

"Em *Partage de midi*, essa chave foi encontrada pelas duas personagens, mas ela não foi criada senão às expensas de sua reunião: era preciso, ao se separar, que eles conseguissem achar que essa chave se ajustasse. A situação é um pouco parecida em *Le soulier de satin*, com a diferença de que, ao invés de a separação acontecer neste mundo, ela se dá no mundo futuro [sic. Penso que Claudel quer dizer o contrário], e que é com a condição dessa longa paciência, desse longo estudo que eles farão um do outro, precisamente por causa da separação que lhes é imposta, que eles chegarão a constituir esse ser completo que Platão já previa, finalmente, ao seu modo, e na qual um ser só é completo sendo dois em um, servindo-se um do outro para ser si mesmo".[43]

Acontece também a Claudel de ir procurar em outro lugar, por não poder se referir ao cristianismo Assim, em *Le Poète et le Shamisen* (*O Poeta e o Shamisen*):

"*O poeta*: É da floresta sagrada de Ysé que você quer falar?

O Shamisen: Desde antes do seu nascimento, a que te unia o destino, o Karma?

O Poeta: Não sou budista".[44]

Resta que, ainda que tenha sido para denegá-la, ele evoca essa hipótese, que lhe é cara, e que chamamos a heresia de Claudel.

Partage de midi

Enfatizemos aqui e ali, no infortúnio que é esse drama de *Partage de midi*, que conta da aventura de Claudel, algumas

---

[43] CLAUDEL, Paul. *Mémoires improvisées. Quarante et un entretiens avec Jean Amrouche* (diffusés en 1951-1952). Paris: Gallimard, 1969, 39ᵉ entretien, p. 340.

[44] CLAUDEL, Paul. *Œuvres en prose*. Paris: Gallimard (Collection Bibliothèque de la Pléiade), 1965. p. 830. (Coll. Bibliothèque de la Pléiade)

declinações do artigo definido, do artigo indefinido e do adjetivo demonstrativo.

Mesa é apresentado por Amalric a Ysé como um jovem rude, tendo "Uma grande semente a defender". Claudel escreveu a Massignon, com quem ele se confidencia (porque ele conta com este último para dar prosseguimento à sua conversão até o sacerdócio): "Eu tinha, então, trinta e dois anos, idade verdadeiramente crítica, e os dois primeiros atos de *Partage de midi* não são senão uma relação exata da aventura horrível em que quase abandonei minha alma e minha vida, após dez anos de vida cristã e de castidade absoluta".[45]

Uma menção é inicialmente feita por Ysé a Amalric de uma cena que Mesa lhe fizera: "E, à voz baixa, ele me injuriava de todo o seu coração", o que aconteceu realmente entre Claudel e aquela mulher, julgada por ele sem decência e sem pudor.

Quando Ysé se apresenta a Mesa, ela fala imediatamente de amor, que demanda que desfaleçamos:

"O sono de Adão, você sabe! Está escrito no catecismo. Foi assim que a primeira mulher foi feita.

"Uma mulher, diga, pense um pouco! Todos os seres que há em mim! É preciso não opor resistência..."

Ela disse bem "uma mulher", e não "a mulher", não é? E, portanto, "todos os seres que há em mim" pode querer dizer que ela é *múltipla*, e não *toda*, justamente.

Mas ele:

"Mas todo amor não passa de uma comédia

entre o homem e a mulher; as questões não são colocadas".

Ele lhe diz ainda:

"E eu não quero nada de você: o que você quereria de mim? O que há entre você e eu?.[46]

Lembremos que essa é a resposta do Cristo à sua mãe no momento das Bodas de Canaã (João, 2,4) cuja expressão literal: "Que tenho eu e você com isso?" (semitismo: "O que há entre

---

[45] G.A., p. 120.
[46] CLAUDEL, P. Partage de midi. In: *Théâtre, t. I.* Paris: Gallimard, 1965. p. 996 e 999. (Coll. Bibliothèque de la Pléiade)

você e eu?", cf. Juízes, 11,12) quer dizer: "O que você quer de mim?", quando ela lhe pede para encontrar uma solução para o vinho que falta e que ele vai fazer o milagre da transformação da água em vinho; não estou certo de que, segundo as traduções e interpretações usadas naquela época nos meios católicos, a frase não fosse lida: "O que há de comum entre você e eu?" (tradução de Lemaître de Sacy, por exemplo). Mesa como o Cristo superior e Ysé como a virgem ou a Igreja? Sei não...

Claudel associa, então, simbolicamente, a mulher e a criança:
"Enganei-me, enganei-me.
"Em conversar e... e tornar-me mais dócil, assim, com você,
"Sem desconfianças, como com uma criança amável cujo rosto agradável gostamos de ver,
"E essa criança é uma mulher..."
Mesa se abre com Ysé, Ysé inacessível, casada, ele próprio habitado pelo Cristo interior que nunca o deixa ("Mas suponha alguém com você / Para sempre..."[47]), o amor é, portanto, impossível entre eles, mas ela conclui:
"Eu sou aquela que você teria amado".[48]
E também:
"Se você me chamar pelo meu nome [...]
"Há em mim uma mulher que não poderá se impedir de te responder.
"E sinto que essa mulher não seria boa
"Para você, mas funesta, etc.[49]

Amalric volta, fala-se do marido e: "Você o ama?", pergunta Amalric, e Ysé chega a dizer (isso deve ser anotado):

---

[47] CLAUDEL, P. Partage de midi. In: *Théâtre, t. I*. Paris: Gallimard, 1965. p. 1001. (Coll. Bibliothèque de la Pléiade)

[48] CLAUDEL, P. Partage de midi. In: *Théâtre, t. I*. Paris: Gallimard, 1965. p. 1003. (Coll. Bibliothèque de la Pléiade)

[49] CLAUDEL, P. Partage de midi. In: *Théâtre, t. I*. Paris: Gallimard, 1965. p. 1005. (Coll. Bibliothèque de la Pléiade)

"Eu sou um homem! Eu o amo como se ama a uma mulher! *(Ela dá gargalhadas)!*

Como uma boa histérica, ela se coloca, claro, na posição do homem e sabe o que é o gozo fálico:

"Eu amo um homem que é um único homem e que tem nas costas um grande e duro osso". É $\exists \chi \overline{\Phi \chi}$!

Mais adiante, sobre o amor:

"A mulher que encontrou a quem se dar! [artigo definido catafórico]. E eis como o homem, tolo, se encontra muito surpreso com ele por causa dessa pessoa absurda [$\overline{\exists \chi} \overline{\Phi \chi}$ ..., absurdez da metade mulher], por causa a dessa grande coisa pesada e incômoda. Tantas roupas, tantos cabelos, o que fazer?

"Ele não pode mais, ele não quer mais se desfazer disso".[50]

A linha do canal de Suez é atravessada, ponto de não-retorno para os quatro, e Mesa enuncia:

"O mar muda de cor como os olhos de uma mulher que se tem nos braços".

Amalric observa: "Uma mulher! Eis aí uma enunciação que eu não esperava

"Do Mesa de minha primeira viagem. Oh, oh! Ele atravessou Suez, ele também!".

O ato termina. Mas Suez e esse meio do dia não estão aí para nos indicar que se passou da mulher ideal para o encontro com uma mulher real?

O ato II inspira-se, visivelmente, no segundo ato de *Tristão e Isolda*, de Wagner, o longo dueto de amor entre aqueles que se tornam amantes, intercalado entre duas visitas do marido.

Não me deterei nos detalhes desta cena, uma das mais belas de todo o teatro, a não ser para chamar novamente a atenção para alguns usos gramaticais.

Mesa: "É verdade que você é apenas uma mulher, também eu, eu não sou senão um homem".

---

[50] CLAUDEL, P. Partage de midi. In: *Théâtre, t. I*. Paris: Gallimard, 1965. p. 1008. (Coll. Bibliothèque de la Pléiade)

É a enunciação do encontro como tal. Francamente, ali, nem ele a encontra na perversão, nem ela encontra O homem na psicose!

Ele deve, então, reconhecê-la múltipla.

"Como é preciso chamar-te? Uma mãe, [...]"

"E uma irmã, [...]"

"E uma presa [...]" (após o incesto evocado, a presa: o objeto *a*).

Em seguida, o pronome demonstrativo:

"Se você é aquela que eu amo".

Nesse ato, parece que é confirmada, efetivamente, a passagem do genérico ao definido, ao indefinido, ao demonstrativo do encontro, que é adquirida a seguinte experiência: que *A* mulher não existe, que é Ysé que existe, etc.

Assim, Ysé:

"Um homem nos braços de uma mulher, como uma coisa no chão".

Assim, Mesa:

"Não tenho língua para chamar-te uma mulher, mas apenas [para dizer] que você está presente, etc."

Mas atenção! O que está prestes a ressurgir é o maldito *A*, a marca do todo.

Pois, de início, é preciso que Mesa anuncie imediatamente a Ysé que ela é proibida, e que tudo isso só pode levar à infelicidade: "Oh estimada coisa que não é a felicidade!", ao ponto que é ele quem reacende a chama do todo:

"Estou feliz

"Contente de ser tudo

"Para você, contente de ter tudo para mim"[8]. (Ela é o falo, ele tem o falo).

Eu gostaria, porém, de insistir sobre uma outra precisão, que é a seguinte: mais além do gozo fálico, o célebre gozo Outro, que parece que ela representa para ele, não é certo, de forma alguma, que ele não queira representá-lo para ela, exprimi-lo para ela.

Daí a mudança de posições entre os amantes, que parece um jogo de simetria compensatório, mas que deve, penso eu, ser interpretado mais precisamente.

Isso é inicialmente indicado por uma questão de Ysé, retomada do que ela dissera a Amalric quanto a sua posição masculina com relação a De Ciz, seu marido:

Ysé: "E eu, eu sou um homem? (*Ela ri às gargalhadas*[51])."

É sobretudo no ato III que eles vão trocar essas posições. Mas por quê? Peço que se lembrem que esse ato não acompanha mais a história real (como Claudel disse a Massignon), que o poeta realiza muito mais o seu desejo, suas votos nesse ato "fictício".

Depois de mais de quatro anos dessa relação tumultuosa em Fou-Tcheou, que dava o que falar nos meios diplomáticos, Rose, grávida, quer voltar para Paris e abandona Claudel. Ela lhe escreve durante certo tempo, mas, em seguida, torna-se amante do homem com quem ela volta, John W. Lintner, o modelo de Amalric, e ela cuida, ou ele cuida para que nenhuma carta seja mais enviada a Claudel, para que suas cartas para ele lhe sejam devolvidas sem terem sido abertas. Deixo de lado o episódio do processo na Bélgica em companhia do marido. A partir daí foram treze anos de silêncio absoluto, exceto por uma carta que atravessou o mundo e que ele recebeu somente em 1923, no Rio de Janeiro, a famosa carta para Rodrigue de *Le Soulier de satin*. Ao recebê-la, ele faz todos saírem de seu escritório, corre para o jardim, que ele "atravessa, de um lado para o outro, interminavelmente" em meio a uma agitação extrema. Ele fica sabendo que Louise havia nascido no dia 02 de agosto (1904) e recebe outras duas mensagens datadas de 1917 e 1918, dentre as quais um anúncio de que Louise iria fazer a sua primeira comunhão. Ele lê:

"A cada ano que passa o sentimento de solidão, ao invés de diminuir, se torna mais forte depois que te deixei".[52]

Na carta para Rodrigue, que é "uma história entre os dois mundos", e que é o fio dramatúrgico de todo o terceiro

---

[51] CLAUDEL, P. Partage de midi. In: *Théâtre, t. I*. Paris: Gallimard (Coll. Bibliothèque de la Pléiade), 1965, p. 1024. Ela dissera, falando de De Ciz: "Eu sou um homem! Eu o amo como se ama a uma mulher!"*(Ela ri às gargalhadas)*.

[52] *G.A.,* p. 188.

dia, ouvimos somente Rodrigue dizer: "É, de fato, meu nome. É, de fato, sua letra. Prouhèze há dez anos. *(Ele abre a carta e tenta ler. Suas mãos tremem.)* Não consigo ler".[53]

Novamente um desses fragmentos de real que passaram da vida para a obra.

O ato III de *Partage* é, portanto, a consolação, a compensação ideal, a invenção do reencontro que não aconteceu. É aqui que *A* mulher faz retorno. Encontramos primeiramente Amalric e Ysé, que vivem juntos, ela deu à luz a um filho de Mesa (na história, Lintner levou Rose grávida de uma filha de Claudel, que este último não viu).

Nessa grande construção fictícia, Ysé finge que consente fugir com Amalric do lugar onde uma revolução chinesa vai fazer explodir os colonizadores europeus, mas, na realidade, ela vem se encontrar com ele, conforme a sua predestinação, como Isolda vem, de repente, encontrar Tristão moribundo no terceiro ato da ópera de Wagner. Ela explica, então, a Amalric, que ela teve que se sacrificar por Mesa. Ela diz a Amalric:

"Mas eu sabia que o machucava e o abandonei. Sim, sacrifiquei-me por ele".[54] A mulher corre o risco de se tornar salvadora, *a* mulher que é uma alavanca, como dirá Prouhèze, que prende o homem e o exalta para alçá-lo até Deus.

Mas aí também devemos estar atentos à estranha inversão, à troca das posições sexuadas. Acontece a Ysé de bancar o homem (conforme a sua histeria), como acontece também a Claudel de colocar Mesa em posição feminina. Por quê? O que quer Mesa? Ysé não consegue entender. Porque é também em uma posição mística que Claudel deseja colocá-lo: "É algo de sério, sobre o qual nos informam algumas pessoas, e mais frequentemente as mulheres, ou bem gente dotada, como São

---

[53] CLAUDEL, P. Le Soulier de satin. In: *Théâtre, t. II*, Paris: Gallimard, 1965. p. 832 (terceiro dia, cena IX).

[54] CLAUDEL, P. Partage de midi. In: *Théâtre, t. I*. Paris: Gallimard, 1965. p. 1040. (Coll. Bibliothèque de la Pléiade)

João da Cruz – porque não se é forçado, quando se é macho, de se colocar do lado do "Vx Φx. Pode-se também se colocar-se do lado do não-todo. Há homens que lá estão tanto quanto as mulheres. Isto acontece. E que, ao mesmo tempo, se sentem lá muito bem. Apesar, não digo de seu Falo, apesar daquilo que os atrapalha quanto a isso, eles entreveem, eles experimentam a ideia de que deve haver um gozo que esteja mais além. É isto que chamamos os místicos".[55]

O famoso cântico de Mesa, ao qual nenhum ator renuncia facilmente (Barrault dedicou-se a isso obstinadamente e Didier Sandre fez o mesmo na adaptação de Brigitte Jacques), coloca muito precisamente Mesa na posição de santa Teresa de Bernini: diálogo com Deus, gozo transbordante, embaraçada, no entanto, pelo falo ("O grande macho na glória de Deus, etc.[56]).

É a essa exposição de si que Claudel leva Ysé para que ela aceda a Deus. Contudo, ele atribui a si próprio o privilégio de ser o detentor do segredo de um outro gozo.

"Há um gozo dela, desse *dela* que não existe e não significa nada. Há um gozo dela sobre o qual talvez ela mesma não saiba nada a não ser que o experimenta – isso ela sabe. Ela

---

[55] LACAN, Jacques. *O seminário, livro 20: Mais, ainda* (1972-1973). Tradução de M. D. Magno). Rio de Janeiro, 1985, p. 102.

[56] Poderíamos, aliás, fazer um comentário sobre a semente em Claudel. Lembrem-se: "Uma grande semente a ser defendida", diz Amalric zombando dele. Mas lembremos também que Claudel fez inscrever sobre sua tumba em Brangues: "Aqui repousam os restos e a semente de Paul Claudel". Evidentemente, trata-se da semente da ressurreição, mas, inicialmente, Santo Tomás nos faz saber que, se os órgãos sexuais sobre os corpos gloriosos servem de ornamento, é também porque o esperma, que provém do alimento, não escorrerá mais de corpos que não precisem absorvê-lo (*Compendium theologiae*, chap. 156, *Opuscules théologiques*, 1. Paris:Vrin-Reprise, 1984: "Além do mais, o líquido seminal sendo um produto da alimentação, o uso dos alimentos cessando, esse dos órgãos genitais deve fazer o mesmo"). É claro que o significante "semente", que Claudel conserva até à morte, tem alguma coisa do gozo feminino, e não do gozo fálico, o falo incômodo tendo se tornado líquido.

sabe disso, certamente, quando isso acontece. Isso não acontece a elas todas".[57]

É a Mesa, portanto, que atribuo essa posição em sua preocupação de conduzir Ysé a Deus, ainda que, em outras passagens, é ela que se encontra do lado feminino (mas, não é mesmo? Ysé e Mesa são personagens de teatro, fabricadas para exemplificar, alternadamente, essa espécie de "economia libidinal").

Acontece que há mais cálculo do que inconsciência em Mesa. É justamente por isso que, em seguida, Claudel se desidentificará dele. Esse cálculo do outro gozo, esse gozo enquanto encenado, é pressentido por Ysé:

"*Amalric*: Ele [Mesa] te amou realmente?
Ysé: Como você jamais me amaria. E eu o amei
Como não amo você, [...]
Mas, com ele, era o desespero e o desejo, e um sopro de repente, uma espécie de ódio, e a carne que se retira, [...]
Durante um ano foi assim e eu sentia que ele estava cativo,
Mas eu não o possuía, e algo nele de estranho
Impossível.
O que tem ele a me censurar? Porque ele não se deu, e eu, eu me retirei.
E eu, eu queria viver também, e ver novamente o sol, [...]".[58]

É mais uma passagem do *Seminário Mais, ainda* que deve ser aqui invocada. Esta:

"De sorte que poderíamos dizer que quanto mais o homem se possa prestar, para a mulher, à confusão com Deus, quer dizer, aquilo de que ela goza, menos ele odeia e menos ele é – e uma vez que, depois de tudo, não há amor sem ódio, menos ele ama".[59]

---

[57] LACAN, Jacques. *O seminário, livro 20: Mais, ainda* (1972-1973). Tradução de M. D. Magno). Rio de Janeiro, 1985, p.100.

[58] CLAUDEL, P. Partage de midi. In: *Théâtre, t. I*. Paris: Gallimard (Coll. Bibliothèque de la Pléiade), 1965. p. 1040-1041.

[59] LACAN, Jacques. *O seminário, livro 20: Mais, ainda* (1972-1973). Tradução de M. D. Magno). Rio de Janeiro, 1985, p. 120.

Mesa ama menos Ysé por querer assujeitá-la, sob pretexto de um gozo outro, por imputar-lhe de tomá-lo por Deus. É o que Claudel, em suas últimas escritas, tentará desmontar. Ele irá pressentir o mecanismo perverso que corre o risco de se insinuar nessa exibição: como em Angelus Silesius, "confundir seu olho contemplativo com o olho pelo qual Deus o olha, isso deve fazer parte, demasiadamente, do gozo perverso". Exibicionismo-voyeurismo de Mesa.

Angelus Silesius:

"Sou de Deus a imagem; se ele quiser se ver,

"Somente poderá fazê-lo em mim ou em quem me assemelhe".[60]

Mesa exclama:

"E em um instante vou Vos ver e sinto pavor

"E medo no Osso de meus ossos!

"E Vós me interrogareis. Eu também Vos interrogarei!

"Não serei um homem? Por que vós fingistes de Deus comigo?".[61]

É em seguida que *a* mulher retorna no texto já citado.

"Por que,

"Por que esta mulher? Por que a mulher, de repente, neste navio?"

Depois:

"Se vós amastes cada um de nós

"Terrivelmente, como eu amei aquela mulher, e a agonia, e a asfixia, e o enlaçamento?".[62]

"Sou eu? Isso destruído,

---

[60] *Ich trage Gottes Bild; wenn er will sich besehn, So kann es nur in mir und wer mir gleich geschehn* (*L'Errant chérubinique*, distique n. 105, trad. Roger Munier, Arfuyen, 1993).

[61] CLAUDEL, P. Partage de midi. In: *Théâtre, t. I*. Paris: Gallimard, 1965. p. 1050. (Coll. Bibliothèque de la Pléiade)

[62] CLAUDEL, P. Partage de midi. In: *Théâtre, t. I*. Paris: Gallimard, 1965. p. 1051. (Coll. Bibliothèque de la Pléiade)

"É obra da mulher, que ela o conserve para ela, quanto a mim vou embora para outro lugar".

Eis aí *a* mulher de quem o homem acreditava que ela lhe pedia a sua castração.

A peça termina numa espécie de transfiguração, em companhia de uma figura materna, onde se reúnem todas as figuras femininas, e a tentação seria forte de tirar uma conclusão do Eterno feminino.

Ysé, por acaso, não diz:

"Não tenha vergonha, pequeno Mesa! O mais vivo é o que mais tem horror

"De deixar de viver! Oh, como os homens são

duros, e como eles têm medo de sofrer e de morrer!

"Mas a fêmea mulher, mãe do homem,

"Não se surpreende, acostumada com as mãos taciturnas que puxam

"Você vê? Agora sou eu quem te consola e reconforta" [63].

Em sua adaptação de *Partage*, Antoine Vitez mostrava, para terminar, Mesa se arrastando de joelhos, em direção a uma Ysé de pé, como um ídolo, e é verdade que Claudel indica: Ysé se levanta e se mantém diante dele com os olhos fechados, toda branca envolta a um raio de lua, com os braços em cruz. Uma ventania levanta os seus cabelos".[64]

Dessa vez, portanto, ela está como que no lugar de Deus para Mesa.

"A mulher de que se trata é um outro nome de Deus, e é por isso que ela não existe".[65]

Foram essas exaltações transfiguradoras, muito exaltantes para os atores, que Claudel tentou remediar em sua versão para

---

[63] CLAUDEL, P. Partage de midi. In: *Théâtre, t. I*. Paris: Gallimard, 1965. p. 1058-1059. (Coll. Bibliothèque de la Pléiade)

[64] CLAUDEL, P. Partage de midi. In: *Théâtre, t. I*. Paris: Gallimard, 1965. p. 1060-1061. (Coll. Bibliothèque de la Pléiade)

[65] LACAN, Jacques. Le synthome. In: *Ornicar* n.6. Paris: 1975. p. 5.

a representação de 1947, mas a oposição de Jean-Louis Barrault (os dois brigavam como dois colegas, amorosa e ferozmente) fez com que tal versão apresentasse uma série de compromissos, dos quais Claudel se queixa em seus *Entretiens* (*Entrevistas*). Ele acredita ter atingido seus objetivos somente com a última versão, a de 1948. Podemos verificar que a supressão do Cântico de Mesa pretende acabar com a misoginia de Mesa, dando-lhe o que ele merece: "Quem é Mesa? No final das contas, um desprezível pequeno-burguês, muito egoísta, muito, bastante desprovido, muito centrado em si mesmo".[66] Isso dá o tom!

Na 25ª entrevista de *Mémoires improvisées* (*Memórias improvisadas*) com Jean Amrouche, Claudel diz: "Não há nada que me exaspere mais do que os papeis de drama ou de melodrama nos quais a mulher engana o homem e vem, depois, pedir perdão; o homem, então, grande e generoso, geralmente perdoa. Pois bem: não gosto disso. Acho isso bastante estúpido, acho isso muito pouco humano. Quando Ysé volta, na última versão, a primeira palavra que ela diz, não é um pedido de perdão; o que ela diz a Mesa? Ela diz: 'Eu te perdôo'. Não é? *(risos)*. E ela que dá o seu perdão a Mesa, e há algo de verdadeiro nisso, porque, no fundo, ao deixá-lo, ela lhe fez um imenso favor. Ela se dá conta disso e diz a ele: 'você sabe que fiz bem em deixar-te, você deveria me agradecer'".[67]

Chamemos isso francamente: travessia da fantasia *da* mulher, mas sabendo que essa longa análise de Claudel pode ser reconhecida, ouvida na tensão que preside às diferentes versões do terceiro ato.

Farei, contudo, uma pequena digressão. Vocês advinham que Claudel não gosta da psicanálise, que ele confunde com a introspecção, e as raras alusões que ele faz a Freud são negativas. Uma delas encontra-se em um diálogo estranho

---

[66] Carta a Jean-Louis Barrault de 08 de outubro de 1948, citado em: *Théâtre*, t. I. Paris: Gallimard, 1965. p. 1344. (Coll. Bibliothèque de la Pléiade)

[67] CLAUDEL, Paul. *Mémoires improvisées. Quarante et un entretiens avec Jean Amrouche* (diffusés en 1951-1952). Paris: Gallimard, 1969. p. 225.

intitulado: "Jules ou o homem-das-duas-gravatas" ("Jules ou l'homme-aux-deux-cravates"). Jules, que é Claudel, não gosta de Freud, mas o poeta com quem ele conversa lhe pergunta, a propósito da sexualidade: "Você negaria, apesar de tudo, no fundo de você mesmo essa espécie de contaminação insidiosa?"

A sexualidade é considerada como parasita, não como natural. Segue-se uma surpreendente evocação quase lacaniana da sexualidade, do sexo marcado por uma maldição: "A vida, toda ela, não é senão uma série de brigas com esse locatário inexpugnável". Em seguida, ele expõe uma visão da relação entre os sexos como impossível: "Seria apesar de tudo gentil se, no meio dessa vida desagradável, houvesse, algumas vezes, uma trégua, um armistício entre os sexos, um lago de canto, uma espécie de carnaval encantado! Uma espécie de intervenção lunar, como a lua que nos livra de nossa realidade e dá, a cada um de nós, uma leveza e uma alegria de fantasmas". Isso dá sentido ao monólogo da lua em *Le Soulier de satin*.

Le Soulier de satin

Passarei rapidamente sobre todo *Le Soulier de satin* (Paris, maio de 1919 – Tóquio, dezembro de 1924).

Parto da seguinte hipótese: a fim de expor, mediante um trabalho sobre si mesmo, a aventura que ele não consegue esquecer, Claudel inventa, no Japão, uma dramaturgia nova que vai responder às seguintes condições (evidentemente, é do resultado que eu tiro essas conclusões):

1. Abandonar a teologia demasiadamente fácil da *felix culpa*, ou então dar-lhe um sentido mais radical, ao preço de privar os novos "amantes" de toda relação sexual;

2. Ao mesmo tempo, inventar a inexistência da relação sexual enquanto tal, da qual ele consegue fazer o próprio nó de seu drama;

3. Mas não renunciar ao amor proibido, senão não há mais drama, ou melhor, não há mais paixão, portanto, não há mais redenção nem catarse. É aqui que é preciso distinguir cuidadosamente a renúncia ao sacrifício: Rodrigue e Prouhèze *sacrificarão*

o seu amor precisamente para não ter que renunciar a ele. Abandona-se, portanto, o campo incerto, gnóstico, anticristão, de Tristão e Isolda, que se amam somente na morte, renunciando assim a todo desejo (um dos temas essenciais de Wagner é esse tema schopenhaueriano, budista, da renúncia ao desejo. Esse tema irá num crescendo de *Tristão* ao *Crepúsculo dos Deuses* até *Parsifal*). Para Claudel, renunciar ao amor seria ceder sobre o desejo.

Ao mesmo tempo, o que se ganha com isso é que do ponto de vista apologético o pecado não é consumado, ainda que, conforme ao Evangelho, aquele que olha a mulher do próximo já cometeu adultério em seu coração.

Prouhèze é, inicialmente, casada com Pélage (o homotético de De Ciz no novo quarteto), depois com Camille (o homotético de Amalric), e, no entanto, ela ama Rodrigue, assim como Rodrigue ama Prouhèze. A proeza consiste em fazer uma peça de aproximadamente nove horas sem que o herói encontre a heroína, exceto na grande cena da Ponte de trás, do terceiro dia, mas no momento em que ele renuncia a ela e a sacrifica, sendo que ela estava pronta para segui-lo, de repente ele volta atrás sobre a sua própria decisão do sacrifício. No quarto dia Prouhèze morre, não havendo, portanto, transfiguração da realidade, como no terceiro ato de *Partage de midi*. É como se Claudel representasse somente a sua vida na ausência de dez anos da mulher amada. Além do mais, em *Partage*, Ysé dava à luz a um filho de Mesa, que morre logo em seguida durante o terceiro ato. Em *Le Soulier de satin*, trata-se de uma menina, como na vida, mas ela não é de Rodrigue, e sim do mouro Camille. Porém, poderíamos dizer que ela foi espiritualmente criada por Prouhèze à imagem e à semelhança de Rodrigue. Dessa forma, ela considera Rodrigue como seu pai. Estranha solução, que será considerada inverossímil somente por aqueles que não sabem o quanto esse caso é mais frequente do que se pensa – não sou eu quem ensinará os analistas – nem o leitor de Lacan que aprendeu a distinguir o pai real (Camille) e o pai simbólico (Rodrigue).

A não-relação é exprimida da seguinte forma. Rodrigue, mensageiro de ordens reais, vem visitar Prouhèze em Mogador, mas ela se recusa a recebê-lo por estar casada com Camille (não nos esqueçamos que Claudel dá a esse mouro maldito, muçulmano apaixonado por Prouhèze, e que espera dela a redenção, o nome masculinizado de sua própria irmã). Ela lhe escreve um bilhete: "Vai. Eu fico". É mais tarde que ele receberá a carta para Rodrigue. Rodrigue se prepara, parece, para tomar o navio, mas:

"Como esse homem passava no caminho da ronda, indo para a residência que lhe fora fixada,

"A outra parte de mim mesmo com sua estreita vestimenta,

"Essa mulher, de repente, começou a andar na sua frente sem que ele percebesse.

"E o reconhecimento entre eles não foi mais rápido do que o choque e a solda de seus corpos e de suas almas, sem uma palavra, e que minha existência sobre o muro.

"Faço agora uma acusação contra esse homem e essa mulher, através de quem eu existi apenas um segundo para não mais acabar, graças a quem fui impresso na página da eternidade.

"Pois, o que existiu uma vez faz, para sempre, parte dos arquivos indestrutíveis.

"E agora, por que eles inscreveram no muro, por sua conta e risco, esse sinal que Deus lhes interditara? [68]".

Quem fala? Essa coisa que Claudel chama "a dupla sombra de um homem e uma mulher, em pé, que vemos projetada sobre uma tela no fundo da cena".

Insisto sumariamente sobre esse "em pé". Trata-se, justamente, de um enlaçamento, de um beijo, como ela dirá mais tarde, nada além, talvez, do desejo de fazer as suas sombras coincidirem e, com isso, simular uma relação sexual impossível de ser escrita, tentando escrevê-la, ainda assim; mas, justamente, a sombra reclama que essa escrita que não cessará jamais de se escrever é aquela mesma que é impossível de ser escrita.

Alguns universitários claudelianos (está chovendo deles!) que acreditam, evidentemente, nas relações sexuais, sustentam

---

[68] CLAUDEL, P. Le Soulier de satin. In: *Théâtre, t. II*, Paris: Gallimard, 1965. p. 776-777.

que há, nessa cena, mais do que um beijo, e que Prouhèze tem relação com Rodrigue ("se dá a ele"). Isso é insustentável. Estou certo de que Claudel não quer tornar a coisa indeterminável, ele decide, ao contrário, manifestar a sua impossibilidade. Da coisa interdita, que é interdita de ser escrita, e que eles, ainda assim, escreveram! Acabamos com a comédia de *Partage* (o marido, a mulher e o amante, o outro amante!), estamos, muito mais, na tragédia, onde se pode observar que, em geral, a relação sexual é também impossível (*Antígona*), ou então incestuosa (*Édipo*).

É disso que testemunham tantas tragédias gregas e toda a tragédia clássica francesa (razão pela qual considero *Le Soulier de satin* não como uma peça barroca, contrariamente à impressão de abundância que ela dá, mas como uma tragédia clássica no sentido de Corneille e de Racine).

Tempo da alienação, que a dupla sombra representa, ao qual sucede o tempo da separação, o longo monólogo da Lua que reúne os amantes em sua própria separação, visto que Prouhèze dorme nesse momento no Mogador, enquanto Rodrigue dorme em uma barca no mar, depois de tê-la deixado. É nesse monólogo que Claudel trata definitivamente dessa história de homem e de mulher sob a forma de uma grande dramaturgia da separação.

Estamos aqui no cerne da peça, em seu centro e em seu ápice. A ideia dramatúrgica vem de uma lenda chinesa de amantes separados: "O tema de *Le Soulier de satin* é esse da lenda chinesa, de dois amantes estelares que, todos os anos, após longa peregrinação, chegam a ficar frente a frente sem nunca poder se tocar, de um lado e de outro da Via Láctea".[69]

O que permanece de cortês nessa história é que os amantes inventam não uma prova suplementar onde, como diz Lacan, não acontecendo a relação sexual, o sujeito inventa que é ele mesmo quem a adia; não; neste caso, é o sacramento do casamento que é colocado no lugar do impossível, o sacramento porquanto ele

---

[69] Alocução de Claudel em 23 de março de 1944 sobre "Le Soulier de satin" (*Théâtre*, t. II, p. 1476).

interdita o adultério. Ora, nesse ponto coincidem precisamente o sacramento cristão, o intervalo cortês indefinido e a inexistência da relação sexual segundo Lacan. É isso que, a meu ver, constitui o sucesso, o efeito incrível, no palco, dessa história inverossímil, e nessa lenta realização, fica-se ligado durante horas.

Inicialmente, a dupla sombra se separa no muro, como diz a Lua, a união dos amantes (esse termo deve, certamente, ser mantido, apesar da verdade de Prouhèze ser casada ao passo que Rodrigue vive só) será manifestada somente na própria separação deles, o que se enuncia em paradoxos luminosos, onde, se é o falo com quem o homem e a mulher são casados, esse falo traz, neste caso, um nome próprio: "Jamais". Ouçam, nestas sentenças, a dialética do *com* e do *sem*.

"Jamais, Prouhèze!"

"Jamais! grita ela, está aí ao menos uma coisa que ele e eu podemos compartilhar, esse "jamais" que ele soube de minha boca nesse beijo de há pouco através de quem [quem, e não do qual] nós fomos feitos um!"

"Jamais! está aí ao menos uma espécie de eternidade conosco que pode começar imediatamente.

"Jamais eu poderei deixar de ser sem ele e jamais ele poderá deixar de ser sem mim".

Se ouso dizer, a posição feminina é, desta vez, inteiramente repassada para o lado de Prouhèze, pois é ela que tem o encargo do gozo:

"Ele pediu Deus a uma mulher (uma mulher, e não a mulher) e ela foi capaz de dá-lo a ele".

Da mesma maneira, ele, por sua vez: "É você que me abre o paraíso e é você que me impede de nele permanecer. Como serei eu com tudo quando você recusa que eu esteja em outro lugar a não ser com você?".[70]

De certa forma, tudo se conclui nesse monólogo que é o que a Lua, a única a falar, vê como que fora do tempo: a separação

---

[70] CLAUDEL, Paul. *Théâtre, t. II*, Paris: Gallimard, 1965. p. 778-779.

está consumada, restando, portanto, aos amantes apenas renunciar publicamente um ao outro na cena da Ponte de trás.

Isso não impedirá Rodrigue nem Prouhèze, nesta cena, de recapitular quase todas as figuras percorridas desde o início, com uma solenidade um pouco hugoliana.

Não está nem mesmo excluída a alusão à ideia da Mulher eterna, destruidora dos Impérios e aflição para os homens, quando ele se dirige, no navio, aos seus companheiros de armas:

"Olhem-na, como aqueles que, com seus olhos agora fechados, puderam olhar Cleópatra, ou Helena, ou Didon, ou Maria da Escócia,

"E todas aquelas que foram enviadas à terra para a ruína dos Impérios e das Capitanias e para a perdição de muitas cidades e navios".

Mas ele muda rapidamente de estilo para se endereçar repentinamente a ela:

"O amor acabou a sua obra em você, minha bem-amada, etc.".[71]

É preciso dizer que Barrault achara essa cena pomposa, que Claudel a simplificou na versão para o palco, mas ali ele exprimia com mais veemência seu ressentimento, não contra *a* mulher, mas contra "essa mulher". Trata-se da passagem citada mais acima: "Eu acuso essa mulher que só apareceu em meu bordo para zombar de mim [...].

"Mas, vem agora, eu vou tomar-te pelas mãos, Senhora, vem comigo, meu amor, delícia minha, vem, iniquidade".[72]

Em seus *Entretiens* (*Entrevistas*) com Amrouche, Claudel evoca sua doutrina do Outro, que é também a sua doutrina do nome próprio: "É por isso que os procedimentos de introspecção recomendados pelos antigos filósofos gregos, 'Conhece-te a ti mesmo', e os procedimentos de introspecção de Proust, etc., parecem-me absolutamente falsos, porque, se nos colocarmos

---

[71] CLAUDEL, Paul. *Théâtre*, t. *II*, Paris: Gallimard, 1965. p. 853.
[72] CLAUDEL, Paul. *Théâtre*, t. *II*, Paris: Gallimard, 1965. p. 1097.

a nos contemplar a nós mesmos, não chegaremos a nada, não é? A nada! Nossa vida é baseada no nada, como diz o Salmo".

"Mas, ao contrário, é a vida, são os contatos com a existência, são certos seres que encontramos que, de repente, produzem em nós as coisas que estávamos longe de atingir; coisas que vemos, por exemplo, em meu drama *Partage de midi*, em que Mesa não seria nada se ele não tivesse encontrado essa mulher, que é a única a conhecer o seu verdadeiro nome; e o segredo de sua alma, de sua própria existência não está nele, mas com essa mulher que ele encontrou no navio. E é isso que manifesta o seu interesse: *"Diga-me o seu segredo, diga-me o nome que tenho e que só você conhece*, e que ela mesma só conhecerá pelo contato com as pessoas".[73]

Assim, Ysé dirá em *Partage de midi*:

"Você sabe que sou uma pobre mulher e que se você falar comigo de certa maneira,

"Não precisa ser muito alto, mas se você me chamar pelo meu nome,

"Pelo seu nome, por um nome que você conhece, e não eu, ouvinte,

"Há em mim uma mulher que não poderá se impedir de te responder".[74]

Essa doutrina é constante em Claudel e, a meu ver, ela é, na realidade, o real a que se reduz sua doutrina – herética – da predestinação sexuada. Ela é mesmo uma operação pela qual uma referência virtual, o sentido desnudado de sentido de um nome próprio, poderá, excepcionalmente, designar uma referência atual. De um nome desconhecido, definir novamente um ser conhecido.

Mas, agora, é preciso chegar a uma conclusão – e será também a desta longa intervenção –, que é essencial: esse nome, na verdade, nós não o conheceremos, e o teatro não pode oferecer

---

[73] CLAUDEL, Paul. *Mémoires improvisées. Quarante et un entretiens avec Jean Amrouche* (diffusés en 1951-1952). Paris: Gallimard, 1969. p. 47.

[74] CLAUDEL, P. Partage de midi. In: *Théâtre, t. I*. Paris: Gallimard (Coll. Bibliothèque de la Pléiade), 1965. p. 1005.

dele senão um sucedâneo ou, caso queiram, um equivalente, o outro nome do nome. Sob a forma, por exemplo, das célebres nomeações reiteradas: "– Mesa, eu sou Ysé, sou eu. – Ysé! Ysé!".

Ou ainda, no monólogo da Lua:

"– Jamais, Prouhèze!", e:

"– Rodrigue, e você ouve contudo essa voz que te diz: Rodrigue?" (Cada nome exprimido aqui nessa suprema e distante confrontação).

É que esses nomes deveriam designar, muito precisamente, o outro que tira o sujeito de seu nada, de sua solidão, de sua infelicidade, mas é necessário, ainda, que esse outro permaneça barrado. Seja porque esse nome não pode ser colocado no lugar de Deus, seja porque Claudel não quer fazer nada além de conservar sua barra no outro.

Retomarei de bom grado para esse fim a análise da função do inominável que Alain Badiou fez em sua conferência proferida na *École de la Cause freudienne*, em 1991, sobre a subtração, considerando que o "forçamento de uma nomeação para o inominável, é a negação [*déni*] da singularidade como tal", "a própria figura do mal".[75]

Mas nós reconhecemos bastante facilmente aí a função do Nome-do-pai, que faz furo, que não passa de um buraco, que não é nome em sentido algum, que é o não-Nome.

Oh, sem dúvida, Claudel acreditou que se poderia nomear esse nome final, e é assim, de modo triunfante, que termina a primeira versão de *Partage*:

"Lembre-se, lembre-se do sinal!

"E o meu, não são vãos cabelos na tempestade, e o lencinho em certo momento, na tempestade,

"Mas, dissipados todos os véus, eu mesma, a forte flâmula fulminante, o grande macho na glória de Deus, o Espírito vencedor na transfiguração de Midi".[76]

---

[75] BADIOU, Alain. *Conditions*. Paris: Le Seuil, 1992, p. 193.

[76] CLAUDEL, P. Partage de midi. In: *Théâtre, t. I*. Paris: Gallimard (Coll. Bibliothèque de la Pléiade), 1965. p. 1062.

O sinal, o grande macho, a flâmula, o Espírito, Midi, seriam, finalmente, os nomes da afirmação final, solar, divina.

Desde a época do estádio do espelho, aliás, Lacan se perguntava se seria isso o final da análise, a nomeação do desejo, quando ele afirma: "A psicanálise pode acompanhar o paciente até o limite extático do *"Tu és isto"*, em que se revela, para ele, a cifra de seu destino mortal".[77]

Mas o Nome-do-pai faz furo, o nome é inominável. Naquilo que, doravante, só pode dar lugar a um teatro, lugar final, finito, de todas essas histórias, o nome, certamente o outro barrado o detém, mas esse nome não pode ser dado. Qualquer nome pode, portanto, ser dado *em seu lugar*.

A eterna infância de Deus é isso, esse múltiplo puro de crianças cantoras, das quais nenhuma tem nome.

Da mesma forma, o fim não deve ser uma nomeação triunfante:

"Libertação para as almas cativas" é a última frase de *Le Soulier de satin*, proferida por um monge qualquer.[78] E o misteriosíssimo final da última versão de *Partage de midi* é este:

"Lembre-se de mim nas trevas, eu que, por um momento, fui a sua vinha!".[79]

Sempre se dirá que "vinha" é, neste caso, um símbolo explicável, evangélico: Mesa foi esmagado na vindima de Ysé.

Talvez seja ainda melhor dizer que esse termo é um termo qualquer, que ele está ali no lugar do nome – O dele? O dela? – que jamais será dado.

---

[77] LACAN, Jacques. O estádio do espelho (1949). In: *Escritos*. Tradução de Vera Avellar Ribeiro. Rio de Janeiro: Zahar, 1998. p.103.

[78] CLAUDEL, Paul. Le Soulier de satin. In: *Théâtre, t. II*, Paris: Gallimard, 1965. p. 948 (quarto dia, cena XI).

[79] CLAUDEL, Paul. Partage de midi. In: *Théâtre, t. I*. Paris: Gallimard, 1965. p. 1228. (Coll. Bibliothèque de la Pléiade)

Lacan e o pensamento chinês
François Cheng

O que vou dizer esta noite tem uma relação pouco direta com a psicanálise. Essa afirmação inicial, dizendo respeito a Lacan, pode surpreender. No entanto, foi segundo essas condições que os nossos encontros de trabalho se realizaram. Na realidade, para me deixar à vontade e com o cuidado de não influenciar minhas respostas, ele me pedira expressamente para esquecer o pouco que eu conhecia da psicanálise em geral e de sua teoria em particular.

Ele queria, em minha companhia, visitar – ou, na maioria das vezes, revisitar – da maneira mais autêntica possível, certas esferas do pensamento chinês, estudando os textos no original, linha por linha, palavra por palavra. Inútil dizer com que solicitude aceitei essa proposta. Eu estava, então, em plena pesquisa, tentando aplicar os métodos fenomenológicos ou semióticos a diversas práticas significantes chinesas. Os diálogos que pude ter com Gaston Berger, Levinas, Barthes e Kristeva haviam me convencido o bastante do valor das trocas diretas. O quanto isso era verdadeiro com relação a Lacan foi o que não demorei a verificar. Lacan, com sua maneira tenaz e aberta de interrogar os textos, com sua perspicácia em fazer sobressair o ponto crucial de uma interpretação, contribuía para reforçar meu ímpeto e aguçar minhas faculdades de julgamento. A tal ponto, aliás, que ao final de um período de vários anos absolutamente privilegiados para mim, tive que deixá-lo para me dedicar à redação de duas obras[1] que, ao serem publicadas em 1977 e em 1979, tiveram a honra

---

[1] F. Cheng. *L'écriture poétique chinoise*. Paris: Seuil (coleção "Points"), 1996 e *Vide et Plein, le langage pictural chinois*. Paris : Seuil (coleção "Points"), 1991.

de interessá-lo e receber a sua aprovação. Isso quer dizer que, da intensa troca com Lacan, às vezes extenuante para mim, era eu, de fato, o grande beneficiado. Quanto ao próprio Lacan, o que ele ganhou com isso? Ninguém, provavelmente, está atualmente em condições de responder com precisão. Como um grande espírito se nutre das contribuições que encontra em seu caminho? Sabê-lo exigiria, sem dúvida, uma investigação paciente, minuciosa e, sobretudo, global. Estávamos no início dos anos setenta. O essencial da teoria de Lacan já estava formulado. Contudo, não se pode duvidar que, nesse mergulho nas doutrinas chinesas, sua curiosidade intelectual tenha encontrado satisfação, que seu espírito investigador tenha encontrado inspirações e que, no próprio cerne de sua teoria, um ou outro conceito tenha encontrado repercussões e até mesmo prolongamentos. Se não fosse assim, por que todas essas sessões de trabalho obstinadas que, às vezes, duravam horas, e, por uma ou duas vezes, toda uma tarde?

Além das discussões pontuais sobre temas diversos tais como os pronomes pessoais, as preposições, as expressões do tempo em chinês, nós estudávamos, sobretudo, textos que iam sendo escolhidos pelo próprio Lacan. De modo geral, tratava-se de textos cujas traduções ele havia lido. Deixo de lado alguns livros, que mencionarei de passagem, mas posso citar, na ordem, as principais obras: *Le livre de la Voie et de sa vertu* (*O livro do Caminho e de sua virtude*), o *Mencius* (Mêncio) e *Propos sur la peinture du moine Citrouille-amère* (*As anotações sobre a pintura do Monge Abóbora-Amarga*). Veremos que essa ordem segue certa lógica, uma vez que as três obras correspondem, grosso modo, aos três níveis constitutivos do pensamento chinês: o nível básico, que eu qualificaria de cosmo-ontológico, em seguida o nível ético e, finalmente, o nível estético.

A primeira obra, *Le livre de la Voie et de sa vertu*[2] (*O livro do Caminho e de sua virtude*) – em chinês o *Daodejing* – é atribuída a Lao Tsé, o fundador do taoísmo. Lao Tsé viveu, provavelmente,

---

[2] Para a leitura do *Livre de la Voie et de sa vertu*, Lacan consultou várias traduções, especialmente as de J.J.L Duyvendak (reed. Jean Maisonneuve, 1987), e de F. Houang e P. Leiris (reed. Seuil, coleção "Points", 1979).

no século VI a.C. Mas o texto que conhecemos é uma versão mais tardia, é a versão escrita de um ensino oral transmitido há várias gerações a partir de Lao Tsé. A obra é composta de oitenta e um pequenos capítulos. Os dois capítulos que proponho comentar encontram-se entre os mais determinantes quanto à maneira segundo a qual os chineses conceberam a Criação e o curso do Universo, que designamos, em chinês, pela palavra *Tao*, que quer dizer o Caminho. Acontece que, verbalmente, a palavra Tao quer dizer também "falar". De modo que, se nos permitirmos um jogo fônico em francês, poderemos dizer que o Tao é dotado de um duplo sentido: o Caminho e a Voz.[3] O Tao significa, portanto, uma ordem da vida e, ao mesmo tempo, uma ordem da fala. Vê-se, neste ponto, o que pôde interessar Lacan.

Desses dois textos um pouco abruptos, vou fazer um comentário tão próximo quanto possível deste que Lacan e eu fizemos juntos. Vejamos inicialmente o primeiro texto (*O livro do Caminho e de sua virtude*, cap. XLII):

>   Le Tao d'origine engendre l'Un
>   L'Un engendre le Deux
>   Le Deux engendre le Trois
>   Le Trois engendre les Dix-Mille êtres
>   Les Dix-Mille êtres endossent le Yin
>   et embrassent le Yang
>   Par le souffle du Vide-médian
>   Ils réalisent l'échange-entente
>
>   O Tao originário engendra o Um
>   O Um engendra o Dois
>   O Dois engendra o Três
>   O Três engendra os Dez Mil seres
>   Os Dez Mil seres revestem o Yin
>   e abraçam o Yang
>   Pelo sopro do Vazio-mediano
>   realizam a troca-harmonia

---

[3] Em francês, as palavras *voie* (caminho, via) e *voix* (voz) são homófonas. (N.T.)

Todas as frases que compõem esse texto dizem respeito à ideia do sopro. É aqui que, sem demora, convém indicar um ponto central: a ideia do sopro encontra-se no próprio fundamento do pensamento chinês.

É verdade que, muito antigamente, segundo a maneira pela qual os chineses concebiam a origem da Criação, a ideia de uma vontade divina não estava de forma alguma ausente, visto que eles se referiam ao Senhor das Alturas e, mais tarde, aos Céus. Não estavam tampouco ausentes referências a certas matérias, como o Fogo e o Húmus. Mas, logo depois, segundo uma grande intuição, eles optaram pelo sopro, que não estava necessariamente em contradição com as ideias precedentes, mas que, fenomenologicamente, lhes permita apresentar uma concepção unitária e orgânica do universo vivo onde tudo se liga, onde tudo se sustenta justamente pelo sopro. Foi em vão que eles procuraram; porém, não encontram nada melhor que o sopro, essa unidade dinâmica capaz de engendrar a vida e, ao mesmo tempo, o espírito e a matéria, o Um e o Múltiplo, as formas e suas metamorfoses. Optando pelo sopro, rapidamente eles tiraram daí todas as consequências. O sopro é exatamente essa unidade de base que estrutura todos os níveis de um sistema orgânico. É assim que, no nível físico, as matérias vivas, nossos próprios corpos, são concebidos como condensações de diferentes sopros vitais. No nível ético, quando alguém age com justiça e equidade, diz-se que sua consciência é movida pelo sopro íntegro ou sopro da Retidão. No nível estético, a regra de ouro recomenda animar os sopros rítmicos. Muitas coisas estão aí colocadas um pouco desordenadamente. Mas fiquem tranquilos, não estou me desviando. Voltemos ao primeiro texto. Vou comentá-lo frase por frase.

O Tao originário designa o Vazio original de onde emana o sopro primordial, que é o Um. O Um se divide em dois sopros vitais, que são o Yin e o Yang. O Yang provém do princípio da força ativa e, o Yin, do princípio da suavidade receptiva: eles estão, virtualmente, em condições de engendrar os Dez Mil seres. Mas ao Dois vem se acrescentar o Três, ou melhor, no cerne do Dois vem se intercalar o Três. Pois, o Três não é outro que o sopro do

Vazio-mediano da última frase. Esse sopro do Vazio-mediano, esse Três, é indispensável? Segundo o pensador chinês, sim, pois, sem esse sopro agindo no Vazio-mediano, o Yin e o Yang se fechariam em si mesmos ou se encontrariam em uma oposição estéril. Assim, com a intervenção do Vazio-mediano, os dois parceiros entram em um campo ao mesmo tempo aberto, distanciado e interativo e, por sua interação, chegam à transformação mútua. O sopro do Vazio-mediano é, portanto, o contrário de um lugar neutro e vazio, de um *no man's land*. É uma entidade dinâmica em si. Certamente, ele nasce do Dois, ou seja, ele só pode estar ali quando o Dois está ali. Mas, uma vez ali, ele não desaparece como uma simples ventania passageira; ele se torna uma presença em si, um verdadeiro espaço de troca e de mudança, um processo em que o Dois estaria em condições de se misturar e ir além de si mesmo.

Consideremos agora o segundo texto *O livro do Caminho e de sua virtude*, cap. I:

> Le Tao pouvant être énoncé
>   n'est pas le Tao constant
> Le Nom pouvant être dénommé
>   n'est pas le Nom constant
> Sans-avoir Nom, commencement du Ciel-Terre
> Y-avoir Nom, mère de Dix-Mille êtres
> Toujours Sans-avoir Désir
> pour en saisir le germe
> Toujours Y-avoir Désir
> pour en prévoir le terme
> Même issue mais différente appellation
> Participent du même élan originel
> Mystère et mystère autre
> Porte de toutes merveilles

> O Tao que pode ser enunciado
>   Não é o Tao constante
> O Nome que pode ser nomeado
>   Não é o Nome constante

> Sem-Nome: princípio do Céu-Terra
> O Nome: mãe de Dez Mil seres
> Sempre sem-Desejo
> para o germe apanhar
> Sempre com-Desejo
> para o termo alcançar
> Uma só fonte duplo nome
> Participam do mesmo elã original
> Mistério e mistério outro
> Portal de todas as maravilhas

O primeiro texto nos informou sobre a engrenagem do Tao, sobre a maneira como funcionam os sopros vitais, particularmente o sopro do Vazio-mediano, que incita a troca entre o Yin e o Yang e, com isso, os leva mais longe no processo da mudança contínua. Aqui, neste segundo texto, chegamos a uma verdade mais sutil. O Tao implica certamente a mudança contínua; mas será que no âmago desse caminhar permanente, haveria, ainda assim, algo constante, que não muda, que nunca se altera nem se corrompe? Pois bem, responde Lao Tsé com uma convicção não desprovida de humor: o que não muda é o próprio Vazio. Um Vazio vivificante de onde se origina o sopro, a partir do qual o que é Sem-Nome aspira constantemente ao ter Nome, e o que é Sem-Desejo, aspira constantemente ao ter Desejo. Contudo, desde que há Nome, desde que há Desejo, não se está mais no constante. O único constante, o verdadeiro constante é, novamente, o Vazio de onde o sopro emana constantemente. Segundo esse ponto de vista, somos obrigados a admitir que o verdadeiro ser é, a cada instante, o próprio salto em direção ao ser, a verdadeira vida é, a cada instante, o próprio impulso em direção à vida. Compreende-se, a partir de então, a preocupação dos pensadores chineses em apreender o Vazio. No cerne das substâncias vivas, aparentemente as mais consistentes, as mais compactas, eles veem operando o Vazio e seu corolário, o sopro, que fazem com que na raiz dos fenômenos abundantes, destinados finalmente a ser deteriorados, haja essa fonte constante que, por sua vez, não exaure, não trai. É por isso que, segundo eles, devem-se considerar os dois pontos, considerar o sem-Nome e o sem-Desejo, para apreender deles a origem; considerar o ter-Nome e o ter-Desejo para deles prever o limite. Neste ponto, se quisermos dar um passo a mais e formular a coisa de maneira menos enigmática, eu diria que há nesses pensadores chineses, como mais tarde nos artistas chineses, uma preocupação constante. Eles procuram, no contato direto com a vida cotidiana, ligar o visível ao invisível, o finito ao infinito, ou, inversamente, introduzir o invisível no visível e o infinito no finito. Mas, concretamente, como isso se dá? Pelo Vazio-mediano, respondem. Cada um de nós, cada coisa em si, é uma finitude. A infinitude é o que se produz entre as entidades vivas. Com a condição, o sabemos agora, de que as entidades em questão estejam numa relação de troca, e não de dominação, e que o verdadeiro sopro do Vazio-mediano aja entre elas. O sopro de Vazio-mediano é, efetivamente, esse sopro que vem do sujeito quando este está próximo de outros sujeitos e que o leva para fora de si mesmo, para que o viver e o falar permaneçam, para ele, eternamente possíveis. O Vazio-mediano transforma o sujeito em projeto, no sentido em que ele o projeta adiante de si próprio, sempre aspirando ao inesperado, ao imprevisto, ou seja, em direção ao infinito. O sujeito não é esse bem meticulosamente conservado, como algo dado e, para sempre, fixado. A verdadeira realização não está no estreito limite de um corpo mensurável, tampouco se encontra numa vã fusão com um outro, que seria ainda uma finitude; ela se encontra no vaivém sem fim e sempre novo entre as unidades de vida, o verdadeiro mistério sempre outro. Aqui, se aceitamos a ideia do sopro, devemos poder admitir também o ponto de vista segundo o qual mesmo as nossas sensações mais íntimas não se limitam ao interior de uma pobre concha; elas são vibrações, ondas propagadas num espaço que vem de si, mas que transbordam infinitamente em ressonância com a grande rítmica do Tao. Essa é a definição mesma do êxtase.

O que acabamos de ver mediante os dois textos do *Livre de la Voie et de sa vertu* (O livro do Caminho e de sua virtude), procede do pensamento taoísta. A obra seguinte, que Lacan escolheu espontaneamente provém, por sua vez, do confucionismo, visto que se trata do *Mencius* (Mêncio). Nessa ocasião, aliás, nos debruçamos igualmente sobre certas passagens de *Entretiens de Confucius* (Entrevistas de Confúcio) e sobre outra obra: *Le Milieu juste*[4] (O Justo Meio). Mêncio (371-289 a.C.) é considerado um pouco como o São Paulo do confucionismo. Ele estudou com um discípulo do neto de Confúcio, tendo sido, portanto, um extemporâneo. Mas, com seu ardor, com sua eloquência, ajudou a propagar as doutrinas confucionistas em numerosas escolas de pensamento. Apesar das diferenças entre as duas maiores correntes, taoísta e confucionista, particularmente no que diz respeito às suas atitudes perante a vida, o essencial do confucionismo confirma, no plano ético, muitos elementos de base que pudemos ver nos taoístas. Inicialmente isto: assim como os taoístas, que construíram seu sistema com a ajuda de três elementos – o Yang, o Yin e o sopro do Vazio-mediano –, os confucionistas, por sua vez, fundaram sua concepção do destino do homem no âmago do Universo na tríade Céu, Terra e Homem. Isso vem provar que o pensamento chinês é decididamente ternário. E, se levarmos a observação um pouco mais adiante, poderemos constatar que, além disso, há uma correspondência entre o Três taoísta e o Três confucionista, na medida em que o Céu procede do princípio Yang, a terra do princípio Yin e o Homem, esse ser intermediário, deve levar em conta a dupla exigência da Terra e do Céu. Sim, mesmo a ideia taoísta do sopro do Vazio-mediano encontra sua equivalência nos confucionistas, na noção de Justo Meio. O Justo Meio designa, aqui, uma lei vital e constante – não imutável, mas constante – no funcionamento do Tao, uma lei na qual o homem pode confiar e que deve, precisamente, ser levada em conta para que ele ajuste a sua vida. Lembremos que o Tao não é outra coisa do que a Criação em andamento, essa imensa aventura da vida em suas transformações contínuas. Ora, qualquer que seja o mistério que se encontre

---

[4] Essas três obras – *Entretiens de Confucius, Mencius, Le Milieu juste* – citadas aqui, formam, com *La Grande Étude*, os quatro livros canônicos do confucionismo. Lacan os estudou na tradução de Séraphin Couvreur (reed. pela editora Kuang-Chi e vendidas em Paris, nas livrarias Le Phénix e You-feng).

na base dessa ordem da vida, uma coisa é certa: o sopro primordial que a inaugurou mantém a sua promessa; ele não se desvia, ele não trai. Em outras palavras, ele não é caprichoso nem desenvolto. Ele não cai no impulsivo ou no extremo, a ponto de se tornar sempre imprevisível. Pelo contrário, o pensador confucionista constata que essa ordem da vida subsiste; ela é constantemente confiável. Isso faz com que essa ordem da vida seja constantemente confiável apesar de tantas vicissitudes? É o fato de seu caminho fundamental ser o Justo Meio. Sobretudo, não tomem o Justo Meio no sentido de meia medida ou de compromisso – é o que não deixaram de repetir os primeiros confucionistas e os grandes comentadores que vieram depois. Tal como a viga central de um edifício, o Justo Meio é a própria exigência do Caminho, a condição rigorosa a partir da qual a vida pode atingir plenamente as suas virtualidades. Essa é, na realidade, a exigência mais difícil, ao passo que o capricho e a fantasia são fáceis, assim como o excessivo ou o extremo. Para Mêncio, o Justo Meio é, considerando os elementos presentes, e segundo o princípio de vida, aquilo que devemos fazer exatamente em cada circunstância. Ele é a mais elevada expressão da Justiça. Se for preciso, deve-se estar pronto para sacrificar a vida para realizá--lo. Mêncio deve toda essa concepção essencialmente a Confúcio que, em seus *Entretiens* (Entrevistas), teve várias oportunidades de desenvolvê-la. A um discípulo que o interrogou sobre o seu saber, Confúcio respondeu que não possuía nenhum saber preestabelecido, que seu saber era tão vazio quanto o Vazio, mas, que se alguém o consultasse sobre uma situação humana concreta, ele sempre se esforçaria em examiná-la até os seus limites extremos antes de propor, na medida do possível, o Caminho mediano mais elevado, mais justo. Com base nessa atitude, ele fez, aliás, esta afirmação que muito agradou a Lacan: "Quando alguém passeia, ainda que seja a três, cada um está certo de encontrar no outro um mestre, levando em conta o bom para imitá-lo e ir mais além, ou o mau, para corrigi-lo em si próprio".[5] Essa afirmação nos faz compreender a perspectiva

---

[5] Confucius. *Entretiens de Confucius*. Tradução de A. Cheng. Paris, Seuil (coleção "Points"), 1981, p. 65.

confucionista segundo a qual, pelo fato de toda situação humana ser intersubjetiva, o que nasce entre entidades vivas não é algo abstrato nem passageiro, principalmente quando se tem em vista buscar o verdadeiro. Há de haver uma encarnação em uma entidade em si, uma espécie de trans-sujeito, na verdade, o verdadeiro sujeito, o Justo Meio por excelência, já que é ele que permite aos "sujeitos" presentes elevarem-se, transformarem-se no sentido do Caminho. Ainda mais que, a esse respeito, a tradição dos eruditos, ao abordar o problema do sujeito, concebe dois tipos de "eu": o pequeno eu e o grande eu. O primeiro diz respeito ao sujeito em seu estado de indivíduo, e o segundo concerne ao sujeito em sua dimensão social e cósmica (com relação à terra e ao céu). No centro dessa última dimensão, o sujeito deve, certamente, se esforçar para pensar e agir no sentido do bem coletivo, mas, sobretudo, pensar e agir "cosmicamente", aceitando a ideia de que, se ele tem o mérito de pensar o universo, é, no final das contas, porque o universo que não deixou de pensar nele, por ele. Ele pensa tanto quanto é pensado ao longo de todos os encontros decisivos. É assim que se sente ligado. É assim que seu pequeno eu se expande favoravelmente.

Se, antes de continuar, for preciso resumir em algumas frases tudo o que acabamos de ver, eu diria, correndo o risco de me repetir, que depois do *Livre des mutations*[6] (Livro das mutações) – essa obra inicial que mediante sessenta e quatro trigramas duplas, compostas de traços cheios e de traços partidos, tenta, precisamente, figurar toda a complexidade das interferências e transformações que acontecem quando o sujeito entra em relação com o outro ou com os outros –, todos os pensadores chineses aceitam a ideia de um Caminho que, graças a interações internas, está em permanente mutação. Mas, qualquer que seja a etapa de sua evolução, quaisquer que sejam as entidades vivas presentes, há, em cada circunstância, mesmo entre duas pessoas apenas, esse intervalo vital, esse

---

[6] Livro de adivinhação cuja versão atualmente conhecida é atribuída ao rei Wen, da dinastia Zhou, aproximadamente mil anos antes da nossa era.

lugar incontornável experimentado pelos taoístas como Vazio--mediano e concebido pelos confucionistas como Justo Meio. Em suma, não é o Um que comanda o Dois, mas o Três que transcende o Dois – não me esqueço desse comentário de Lacan.

Nesse ponto, podemos nos perguntar onde reside a diferença entre taoísmo e confucionismo. Há, inicialmente, em cada um, uma postura diferente: o primeiro, que representa o princípio Yin, refere-se, por assim dizer, a uma ordem do Feminino; o segundo, que enaltece o princípio Yang, pertence, antes de tudo, à ordem do Pai. Em seguida, podemos constatar o seguinte: ao passo que os taoístas preconizam a total comunhão com o universo vivo, fiando-se à capacidade inata e natural do homem no seu esforço de ajustamento, os confucionistas, preocupados antes de tudo com a *ética*, acreditam ser bom e até mesmo necessário regular as relações humanas através do *Li* e do *Yue*, ou seja, dos ritos e da música. Quanto aos ritos, compreendemos: trata-se de um conjunto de atitudes e gestos com vistas a criar a boa distância e a boa medida. Quanto à música, isso pode surpreender. No entanto, Confúcio propunha diferentes tipos circunstanciais de música, frequentemente muito simples, aptos a engendrar o sentido do ritmo e da harmonia nas relações que todo homem deve manter com o outro. Ele concebia cinco relações: entre homem e mulher, entre pais e filhos, entre irmãos e irmãs, entre amigos e, no plano institucional, entre soberano e súdito.

Afora essas generalidades, há um problema no *Mencius* (Mêncio) que interessou particularmente a Lacan e que diz respeito ao falar humano. Aí também se vê a diferença de postura entre taoístas e confucionistas. De modo geral, e eu diria instintivo, os taoístas desconfiam da fala humana. Para eles, uma fala muito prolixa poderia ser apenas uma forma degenerada dos sopros vitais. Para os confucionistas, que acreditam nas virtudes da educação e, para Mêncio, em particular, que encoraja a expressão dos sentimentos e dos desejos, a fala é, ao contrário, um instrumento indispensável. Certamente, Mêncio não ignora que a fala é uma faca de dois gumes: ela pode ajudar a atingir o verdadeiro, como pode corromper e até mesmo destruir. Em uma passagem de onde Lacan copiou algumas frases e cuja cópia eu tive o cuidado de conservar (*Mencius*, cap. II), Mêncio enumera, diante de um interlocutor, quatro tipos de falas que ele considera deficientes ou defeituosas: falas parciais, falas dissimuladas, falas deformadas e falas excessivas. Mais adiante no texto, Mêncio afirma possuir, por sua vez, o discernimento quanto ao falar das pessoas, quanto ao que elas dizem. Ao seu interlocutor que lhe pergunta em que ele funda sua certeza, Mêncio responde que se esforça incessantemente em alimentar em si o sopro íntegro ou o sopro da Retidão. Aqui, ele faz referência ao que dizíamos há pouco sobre o sopro primordial, que enquanto sopro íntegro garante a ordem da vida sem nunca desviar, sem nunca trair; ele é o garantidor da Retidão. Com isso, se vê também que, pelo menos para os confucionistas, a fala humana está ligada ao sopro; é por ser habitada pelo sopro íntegro que ela pode chegar ao verdadeiro. Por outro lado, como bom confucionista, Mêncio exalta igualmente o papel próprio do homem, uma vez que este participa como terceiro da obra da Terra e do Céu. Visto que a fala é um sopro, se o homem, graças ao seu querer e ao seu espírito esclarecido, chegar a proferir palavras justas, ele estará, por seu turno, contribuindo para reforçar o sopro que o habita e que anima o Universo. Como, finalmente, alimentar em si esse sopro íntegro? Mêncio diz que, para fazê-lo, é preciso que o coração – a sede dos sentimentos e do espírito – aspire a isso com toda vontade. É preciso, sobretudo, colocar-se numa disposição de extrema humildade e de extrema correção. E também de extrema paciência: não mais fixar prazo nem buscar resultados imediatos; não mais imitar esse homem limitado que, sob pretexto de ajudar as mudas de arroz a crescerem mais depressa, as puxa para cima e acaba por estragá-las completamente. Mêncio não duvida de que, se conseguirmos respeitar essas exigências, o resultado será garantido.

Em 1960, ao final de seu seminário sobre a ética da psicanálise, Lacan falou de Mêncio dizendo que para Mêncio, a benevolência é originalmente natural ao homem. A degradação veio depois. Mêncio era um apaixonado pela justiça. Ele não ignorava os desvios, as perversões, o mal, mas acreditava, como foi dito, na força da educação. Ele próprio fora educado por sua mãe que, para livrar o filho de influências nefastas, não hesitou em se mudar três vezes. Lacan concordava comigo em pensar que os confucionistas, provavelmente, confiaram excessivamente na natureza humana. Eles não encararam o Mal de forma radical nem colocaram de maneira radical o problema do direito para proteger o sujeito. Está aí a grande lição que a China deve e pode aprender com o pensamento ocidental. Resta que Lacan admirou essa atitude confiante dos confucionistas, que consideram o homem como aquele para quem o bem é dado, e a harmonia com o mundo dos vivos é concedida. Aliás, sobre esse tema Mêncio apresentou um argumento simples: já que fazer o mal é a coisa mais fácil do mundo, que fazer o bem é infinitamente difícil, quase contra a natureza, e que, no entanto, os homens continuam espontaneamente a fazer o bem de geração em geração, é preciso acreditar que o bem é, apesar de tudo, inato ao homem. Se não fosse assim, nenhum Senhor das Alturas, nenhum Céu, nenhuma Razão estaria em condições de impor, de fora e *a posteriori*, o bem ao homem.

A última obra que estudamos é um tratado de pintura composto de dezoito pequenos capítulos. Intitulado *Propos sur la peinture du moine Citrouille-amère*[7] (Observações sobre a pintura do monge Abóbora-amarga), ele foi escrito pelo grande pintor Shitao, do século XVII. O desejo de Lacan em conhecer mais profundamente um texto tão particular, me surpreendeu de início e depois me encantou. Não demorei a perceber o interesse que tal texto podia apresentar para ele e, indiretamente, para mim também. A arte caligráfica e pictórica, tal como praticada na China, é uma arte de vida. Ela põe em prática, justamente, todos os elementos da cosmo-ontologia que evocamos. Em seu tratado, Shitao elaborou um pensamento estruturado, fundado num conjunto de noções, às vezes técnicas, do qual é difícil tratar aqui. Contudo, vamos indicar algumas das noções básicas sobre

---

[7] Shitao. *Propos sur la peinture du moine Citrouille-amère*, trad. de P. Ryckmans, reed. Hermann, 1997.

as quais Lacan mais se deteve, tais como a noção de *Yin-yun*, a noção de Traço Único de Pincel[8] e finalmente a de Receptividade. Todas essas noções dizem respeito à criação artística e estão intimamente relacionadas à maneira pela qual os pintores chineses concebem a Criação. A primeira noção, por exemplo, o *Yin-yun*, é às vezes traduzida por caos. Como sua pronúncia sugere, o *Yin-yun* designa um estado em que, embora ainda indistintos, o Yin e o Yang se encontram num potencial vir a ser. Não se trata, portanto, de um termo negativo. O estado que ele designa é, nada menos, que a promessa da vida, um lugar aberto onde o impulso do não-ser em direção ao ser é possível e até mesmo iminente. Em pintura, ele é exatamente esse espaço primeiro no centro do qual o desejo da forma pode emergir e o ato de figurar pode participar. Na realização de um quadro, o *Yin-yun* está, certamente, no início; mas ele deve permanecer presente durante a execução e subsistir no final, tanto é verdade que, na ótica chinesa, um quadro muito acabado é um quadro perdido; um verdadeiro quadro deve deixar um espaço sempre potencial, que aspire a outras metamorfoses.

É com relação a essa imagem de *Yin-yun* que a segunda noção, Traço Único de Pincel, ganha todo realce. O Traço Único de Pincel emerge do *Yin-yun* enquanto primeira afirmação do ser. Ele é semelhante ao sopro primordial que se extrai do Vazio original. Por isso, é possível afirmar, como o próprio Shitao o fez, que o Traço, na ordem pictórica, é o equivalente do sopro, ele é o seu traço tangível. O Traço não é uma simples linha. Com a ajuda de um pincel embebido de tinta, o artista apõe o traço sobre o papel. Por seu volume e sua leveza, seu Yang e seu Yin, pela impulsão e ritmo que comporta, o traço é, potencialmente e ao mesmo tempo, forma e movimento, volume e vislumbre. Ele constitui uma célula

---

[8] No artigo intitulado "La Lettre volée et le vol sur la Lettre" (In: *La Cause Freudienne* n. 43, p. 40), Éric Laurent assinala que talvez fosse preferível traduzir "Traço Único de Pincel" por "Traço Unário de Pincel", segundo indicação de Lacan em seu *Seminário XIV, A Lógica do fantasma*. Inédito. (N.T.)

Cópia feita por Lacan de um extrato do *Mencius* (cap. II)
(Reproduzido com a autorização de Judith Miller)

viva, uma unidade básica de um sistema de vida. E de resto, enquanto significante potencial, o Traço significa sempre mais do que ele manifesta. Pois, embora sendo em si mesmo uma completude, ele chama pela transformação que traz em estado germinal. Sem cessar, ele chama outros traços, como anuncia Shitao: "O Traço Único de Pincel contém os Dez Mil Traços". Assim, é em torno desse nó movediço, equivalente ao sopro, ao mesmo tempo Um e Múltiplo, traço e transformação, que a tradição pictórica chinesa, renovada por Shitao, forjou uma prática significante que apresenta uma coerência exemplar.

Para que a arte do Traço seja adquirida basta um exercício de assiduidade? Não, diz Shitao, uma vez que se trata de uma disciplina de vida. Para tanto, é preciso que o artista esteja em condições de acolhê-la. É aqui que intervém a noção de Receptividade. O Traço deve ser movido pelo sopro, antes, porém, é preciso que o próprio artista seja intimamente movido pelos sopros vitais, tanto pelo Yin e pelo Yang como pelo Vazio-mediano, esses mesmos que foram capazes de encarnar em bambu e em rocha, em montanha e em água. O artista deve atingir esse grau de franca disponibilidade na qual os sopros internos que o habitam podem se alternar com os que vêm de fora. O verdadeiro Traço só pode resultar desse encontro e dessa troca entre sopros internos e sopros externos. "Venerar a Receptividade", tal é a última recomendação de Shitao. Este último não ignora que há conhecimentos conscientes e práticos, porém ele afirma que a Receptividade é primeira e que o Conhecimento vem em segundo lugar. Em suma, a Receptividade é um estado superior do Conhecimento, uma espécie de intuição plena pela qual se apreende alguma coisa que não se sabe e que, portanto, antecipadamente, já se sabe.

Acabamos de considerar a ideia do Traço. Passemos, agora, do Traço à combinação de traços, e da combinação de traços, às figuras desenhadas. Entre as figuras desenhadas, as mais abstratas e ao mesmo tempo as mais significantes, estão os ideogramas que, como se sabe, são um conjunto de signos feitos de traços estruturados em torno de um centro, segundo certas regras, mas com variedades infinitas. Por causa dos ideogramas, a caligrafia se tornou uma arte maior. Pela gestualidade abundante e rítmica que suscita, a caligrafia exalta o ser material dos signos, devolvendo-os a sua dignidade plena. Se falar é um sopro, escrever é também um sopro. Os signos a ser traçados convocam o corpo e o espírito daquele que traça e o projetam para fora, para que ele se realize em figuras formais, mas plenas de sentidos. (Plenas de sentidos, dissemos. Sentidos no plural, pois o sentido dos signos aos quais o homem se dedica inteiramente é inesgotável. Nesse sentido, não posso me impedir de abrir parênteses para evocar o ideograma *yi,* sobre o qual Lacan e eu tivemos uma discussão que, para mim, foi das mais instrutivas. Esse ideograma, cujo sentido original é "ideia" ou "intenção", goza de numerosas combinações com outros ideogramas para formar toda uma família de termos que giram em torno da noção de imagem, de signo e de significação. É assim que, a partir do núcleo *yi*, assiste-se ao aparecimento da seguinte série: *yi-yu*, "desejo"; *yi-zhi*, "objetivos, pretensões"; *yi-xiang*, "orientação"; *yi-xiang*, "imagem, signo"; *yi-hui*, "compreensão"; *yi-yi* ou *zhen-yi*, "significação ou essência verdadeira"; *yi-jing,* "estado para além do dizível". Dos dois últimos termos, *yi-yi*, "significação", implica a ideia de eficácia justa, ao passo que *yi-jing*, "estado não dizível", implica a ideia de um ultrapassamento com relação à fala significada. E toda essa série de palavras nos faz constatar, por um lado, que o signo é o desfecho de um desejo, de um objetivo, e que ele é dotado de uma significação que, no entanto, não o esgota; por outro lado, verificamos que a verdadeira significação de um signo pode agir eficazmente e que o ultrapassamento do signo só pode acontecer a partir dessa mesma significação. Nossa discussão sobre esse tema nos levou, naturalmente, lembro-me bem, a nos referirmos à concepção desconstrucionista da linguagem; pensamos que, se é totalmente justo afirmar que o sentido de um "escrito" é o tempo todo "diferido", isso não impede que em cada situação determinada, em cada encontro decisivo, a significação *seja*, na medida em que a significação em questão age eficazmente sobre os seres presentes, fazendo-os aceder, no melhor dos casos, à transformação).

Lacan gostou muito dos ideogramas – por suas formas e por suas maneiras engenhosas de sugerir o sentido – e também da caligrafia. Ele disse me invejar por eu poder praticar essa arte ligada ao concreto, como uma terapia. Falou-me também de André Masson, considerado por ele um calígrafo ocidental. Em 1973, fomos juntos a uma exposição chinesa no Petit Palais. Na falta de pinturas e de caligrafias, contemplamos longamente os objetos, mais particularmente essas linhas altamente estilizadas, gravadas sobre bronze.

Mas o que fascinou mesmo Lacan foram os signos escritos enquanto sistema. Um sistema que está a serviço da fala e que mantém, simultaneamente, uma distância com relação a ela. Como cada ideograma forma uma unidade autônoma e invariável, seu poder significante se dilui pouco na cadeia. Assim, mesmo sendo capaz de transcrever fielmente a fala, o sistema também pode, através de todo um processo de elipse voluntária e de combinação livre, gerar uma incandescência em seu cerne, principalmente na linguagem poética onde, no interior de um signo e entre os signos, o Vazio-mediano funciona pulverizando a ascendência da linearidade unidimensional. A esse respeito, lembremos que me afastei de Lacan por volta de 1974, para me dedicar precisamente à redação de uma obra sobre a escrita poética chinesa. Essa obra, publicada em 1977, chamou a atenção de Lacan. Em uma carta datada de 22 de abril de 1977, ele escreveu: "Mencionei o seu livro em meu último seminário, dizendo que a interpretação – ou seja, aquilo que deve fazer o analista – deve ser *poética* [palavra enfatizada por Lacan]". Em seguida, nos encontramos várias vezes. Um desses encontros é memorável: foi em sua casa de campo e durou todo um dia. Em um artigo escrito para a revista *L'Âne*, relatei detalhadamente os comentários que fizemos sobre uma oitava do século VIII, "Le pavillon de la grue jaune" (O pavilhão da grua amarela), de Cui Hao. Hoje, aqui, me contento em evocar um quarteto de Wang Wei que estudamos naquele dia como um trabalho, de certa forma, suplementar. Perguntei a Lacan como, finalmente, ele definia a metonímia e a metáfora. Ele me disse que evitava fazê-lo. Que a partir da ideia de continuidade e de similaridade, sempre se pode ir mais adiante, mas o importante é observar a relação entre as duas figuras em seu *funcionamento*. Nesse momento ele abriu meu livro para procurar alguns exemplos simples e se deparou com esse quarteto de Wang Wei. Ali, uma vez mais, devo dizer que admirei o faro lacaniano. O poema, intitulado "Le lac Qi" (O lago Qi), tem como tema uma cena de adeus. A cena é descrita por uma mulher que acompanha seu marido até a beira do lago tocando flauta. Enquanto ela permanece na margem do lago, o homem se afasta em um barco para uma longa viagem. É isso que os dois primeiros versos indicam. O terceiro verso diz que, a certo momento, do meio do lago, já longe, o homem se volta. E o último verso termina de forma um pouco abrupta, como uma imagem congelada, assim: "Montanha verde envolver nuvem branca".

Nesse verso, duas metáforas, montanha verde e nuvem branca, estão numa relação metonímica. Num primeiro nível, a imagem representa o que o homem vê, efetivamente, do meio do lago quando ele se volta. A montanha figura, então, o ser que permanece ali, na margem, isto é, a mulher, ao passo que a nuvem, símbolo da errância, figura o ser que parte, isto é, o homem. Mas, num nível mais profundo, há uma espécie de inversão do olhar, pois, no imaginário chinês, a montanha é da esfera do Yang e, a nuvem, do Yin. Nesse caso, a montanha designa o homem, e a nuvem, a mulher. O verso inteiro parece fazer ouvir a voz interior de cada protagonista. O homem-
-montanha parece dizer à mulher: "Sou errante, mas permaneço fielmente aí, perto de você", e a mulher-nuvem parece responder ao homem: "Estou aqui, mas meu pensamento se faz viajante com você". Na realidade, num nível mais profundo ainda, este último verso diz o que, por pudor ou impotência, a mulher nunca consegue dizer mediante uma linguagem direta e denotativa: toda a relação sutil e inextricável entre homem e mulher. Segundo os chineses, a nuvem nasce das profundezas da montanha, inicialmente sob forma de vapor, que, subindo aos céus, se condensa em nuvem. No céu, ela pode vagar um instante a seu bel-prazer, mas volta à montanha para envolvê-la. É dito no verso: "Montanha verde envolver nuvem branca". O

que não está indicado aqui é que o verbo envolver pode ser ativo, no sentido de envolver, ou passivo, no sentido de ser envolvido, de modo que o verso significa, ao mesmo tempo, "a montanha envolve a nuvem" e "a montanha se deixa envolver pela nuvem". Um enlaçamento que é sucessivamente ativo e passivo, ou inversamente. Seria tudo? Não totalmente. É preciso romper o pudor assinalando o fato de que a nuvem cai sobre a montanha sob a forma de chuva. Esse fato tem um sentido mais profundo e um alcance mais amplo do que podemos pensar. Certamente, sabe-se que, em chinês, a expressão "nuvem-chuva" significa o ato sexual. Isso é muito interessante, mas podemos ir mais longe. A nuvem que se ergue das entranhas da montanha, que sobe aos céus e cai como chuva para alimentar a montanha, encarna, de fato, o imenso movimento circular que liga a Terra e o Céu. Desse ponto de vista, tocamos um pouco no mistério do Masculino e do Feminino. A montanha verde, erigida entre céu e terra, entidade aparentemente estável é, apesar de tudo, precária; está sob a ameaça de perder sua qualidade de verde, caso não seja alimentada pela chuva. Quanto à nuvem, entidade aparentemente frágil, ela é tenaz. Ela aspira a tomar múltiplas formas porque traz em si a nostalgia do infinito. Através dela o Feminino busca, desesperadamente, dizer o infinito, que não é outro que o seu próprio mistério.[9]

Estamos no imaginário chinês. Como não assinalar, de passagem, a maravilhosa coincidência em francês onde, foneticamente, a imagem da mulher ("*nue*") é associada a essa da nuvem ("*nue*"): o que permitiu a rica ambiguidade do poema de Mallarmé "*À la nue accablante...*".

Penso que, no final das contas, foi também para cercar esse misterioso Feminino, caro ao pensamento taoísta, que o doutor Lacan empreendeu, em minha modesta companhia, mas com que engenhosa paciência, sua busca chinesa.

---

[9] A interpretação desse quarteto de Wang Wei, feita naquele dia por Lacan e por mim, pôde ser integrada, vinte anos mais tarde, ao meu livro *L'écriture poétique chinoise*, quando entrou para a coleção de bolso "Points", da editora Seuil.

Sobre a tradutora

Yolanda Vilela é Psicanalista. Concluiu: "maîtrise" e "D.E.A" em Psicanálise pela Universidade de Paris 8 (França); doutorado pelo programa de Pós-Graduação em Estudos Literários da UFMG, com tese sobre a obra do escritor francês Pascal Quignard e Pós-Doutorado pelo mesmo programa, com estudos sobre a letra e a imagem na obra de Pascal Quignard. É autora de traduções e artigos, publicados na França e no Brasil, que contemplam os campos literário e psicanalítico.

Este livro foi composto com tipografia Bembo e impresso
em papel Off-White 90 g/m² na Formato Artes Gráfica.